I0837438

Sotto attacco

Il terrorismo islamico contro l'Occidente

Niccolò Altini

Per contattare l'autore: nico.altini@hotmail.it

Avvertenza:
La ricostruzione degli attentati narrati nel testo è stata effettuata dall'autore attraverso il ricorso ad aggregatori di dati (tra cui le banche dati dell'Environmental System Research Institute of California e del Global Terrorism Database – University of Maryland) e a documenti ufficiali (rapporti delle autorità giudiziarie dei paesi europei, relazioni dei servizi di sicurezza, fascicoli parlamentari...). L'autore ha altresì utilizzato articoli e reportage delle più autorevoli testate giornalistiche mondiali (CNN, New York Times, The Guardian...), testimonianze dirette e documenti interni delle organizzazioni terroristiche.
I fatti narrati sono quindi interamente veri.
Vista la vicinanza temporale di alcuni degli avvenimenti, è però possibile che, in seguito alla pubblicazione del libro, la scoperta di nuove informazioni smentisca, parzialmente o totalmente, le informazioni presenti nel testo.

CONTENUTI

TABELLA RIEPILOGATIVA DEGLI ATTENTATI NARRATI NEL TESTO

Luogo/Bersaglio	Data*	Organizzazione**
Aden (Yemen)	29/12/1992	Al-Qaeda
World Trade Center di New York (USA)	26/02/1993	Al-Qaeda (presunto)
Mausoleo dell'Imam Reza (Iran)	20/06/1993	ND
Philippine Airlines 434	11/12/1994	ND
Ambasciata USA a Nairobi (Kenya)	07/08/1998	Al-Qaeda
Ambasciata USa a Dar es Salaam (Tanzania)	07/08/1998	Al-Qaeda
USS Cole nel porto di Aden (Yemen)	20/10/2000	Al-Qaeda
Comunità sikh nel Kashmir (India)	20/03/2000	Lashkar-e-Taiba
Varie città dell'Indonesia	24/12/2000	Jemaah Islamiyah
World Trade Center di New York (USA)	11/09/2001	Al-Qaeda
American Airlines 63	23/12/2001	Al-Qaeda (presunto)
Kuta (Indonesia)	12/10/2002	Jemaah Islamiyah
Najaf (Iraq)	29/08/2003	AQI
Base dell'Esercito Italiano a Nassiriya (Iraq)	12/09/2003	AQI (presunto)
Treni e stazioni di Madrid (Spagna)	11/03/2004	Al-Qaeda
London Underground (UK)	07/07/2005	Al-Qaeda

Fort Hood (USA)	05/09/2009	Al-Qaeda (presunto)
Delta Airlines 253	25/12/2009	AQAP
Tolosa e Montauban (Francia)	11/03/2012	Al-Qaeda (presunto)
Maratona di Boston (USA)	15/04/2013	ND
Londra (UK)	22/05/2013	ND
Museo Ebraico di Bruxelles (Belgio)	24/05/2014	ISIS (incerto)
Saint-Jean-sur-Richelieu (Canada)	20/10/2014	ISIS (incerto)
Ottawa (Canada)	22/10/2014	ND
Sidney (Australia)	15/12/2014	ISIS (incerto)
Sede di Charlie Hebdo a Parigi (Francia)	07/01/2015	AQAP
Parigi (Francia)	09/01/2015	ISIS (incerto)
Copenaghen (Danimarca)	14/02/2015	ND
Treno Thalys 9364 Amsterdam-Parigi	21/08/2015	ISIS
Parigi (Francia)	13/11/2015	ISIS
San Bernardino (USA)	02/12/2015	ISIS (incerto)
Bruxelles (Belgio)	22/03/2016	ISIS (incerto)
Orlando (USA)	12/06/2016	ISIS (incerto)
Nizza (Francia)	14/07/2016	ND
Saint-Étienne-du-Rouvray (Francia)	28/07/2016	ISIS (incerto)
Berlino (Germania)	19/12/2016	ISIS (incerto)
Westminster Bridge di Londra (UK)	22/03/2017	ND
Arena di Manchester (UK)	22/05/2017	ISIS (incerto)
London Bridge di Londra (UK)	03/06/2017	ISIS (incerto)
Stoccolma (Svezia)	07/04/2017	ISIS (incerto)

Turku (Finlandia)	18/08/2017	ISIS (incerto)
Barcellona e Cambrils (Spagna)	17/08/2017	ISIS (incerto)
Levallois-Perret (Francia)	09/08/2017	ND
Marsiglia (Francia)	01/10/2017	ISIS (incerto)
Trèbes (Francia)	23/03/2018	ISIS (incerto)
Liegi (Belgio)	29/05/2018	ND
Toronto (Canada)	22/07/2018	ISIS (incerto)
Stazione di polizia a Barcellona (Spagna)	20/08/2018	ND
Colonia (Germania)	15/11/2018	ISIS (incerto)
Strasburgo (Francia)	11/12/2018	ISIS (incerto)

* In caso di attacchi effettuati dalla medesima cellula o dal medesimo attentatore in date diverse ma palesemente collegati tra loro, la data indicata è quella del primo attentato.

** AQI (al-Qaeda in Iraq), AQAP (al-Qaeda nella Penisola arabica), ISIS (Stato Islamico dell'Iraq e della Siria).

<u>ND</u>: i dati disponibili non permettono di identificare con chiarezza l'organizzazione che ha organizzato l'attacco o, in alternativa, l'attacco è stato perpetrato dall'attentatore/dagli attentatori in maniera autonoma, senza essere rivendicato da alcun gruppo terroristico. Si consiglia di consultare il libro per ulteriori chiarimenti sul singolo caso.

<u>(Presunto)</u>: Non è certo, ma altamente probabile, che l'organizzazione in questione abbia organizzato l'attacco. Si consiglia di consultare il libro per ulteriori chiarimenti sul singolo caso.

<u>(Incerto)</u>: Il grado di partecipazione del gruppo terroristico nell'organizzazione dell'attacco è incerto o nullo. Tuttavia, gli attentatori sono stati ispirati dal materiale di propaganda del gruppo terroristico e/o si sono dichiarati membri di esso. Si consiglia di consultare il libro per ulteriori chiarimenti sul singolo caso.

INTRODUZIONE

Il terrorismo islamico che ha insanguinato molti, troppi Paesi – dagli Stati Uniti all'Indonesia, dalla Francia all'India, dalla Spagna all'Iraq – è parte del più vasto fenomeno del terrorismo, sul quale attualmente non esiste ancora una definizione universalmente riconosciuta[1]. Al contrario, una grande varietà di visioni e interpretazioni, anche estremamente differenti l'una dall'altra, domina la scena degli studi. Anche senza abbracciarne una specifica definizione, possiamo comunque dire che i fenomeni terroristici hanno visto una crescita esponenziale negli ultimi decenni del ventesimo secolo. Si tratta di un dato quantitativo attestato da tutte le ricerche internazionali. Rielaborando i dati del *Global Terrorism Database* dell'Università del Maryland[2], possiamo ottenere un'ampia panoramica del loro andamento negli ultimi cinquant'anni. Dal 1970 al 2019 sono stati perpetrati in tutto il mondo più di centomila attentati, spesso (poco più della metà) con l'uso di esplosivi. In questi attentati hanno perso la vita circa trecentomila persone, una media di circa seimila all'anno. Inoltre, guardando i grafici, si nota che dal 2011 al 2017 il numero di vittime ha purtroppo subito un'impennata: in questi anni hanno infatti perso la vita circa centosessantamila persone (la metà del totale degli ultimi cinquanta anni).

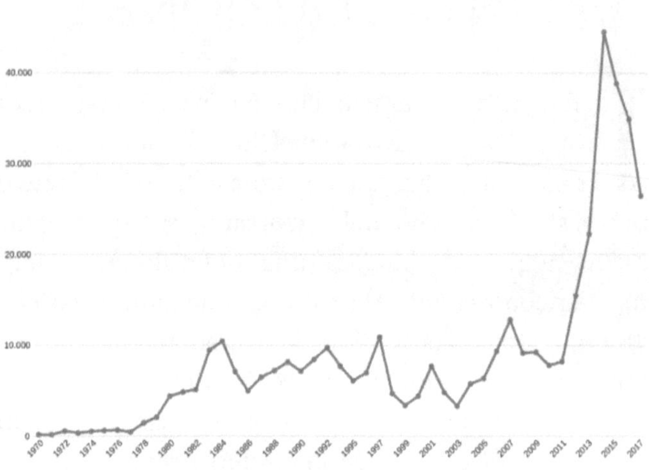

Figura 1 – Vittime di attentati terroristici dal 1970 al 2017. Fonte: Global Terrorism Database

Per comprendere più attentamente l'andamento generale del terrorismo, possiamo suddividerlo in tre macro-periodi: 1970-1989, 1990-2008 e 2009-2019. Nel primo periodo il fenomeno del terrorismo è stato presente soprattutto in America Latina e in Europa. In questo periodo molti attacchi sono dovuti a movimenti politici radicali, localizzati però a livello nazionale: in Europa sono infatti organizzazioni quali l'IRA (l'Esercito Repubblicano Irlandese), l'ETA (gli indipendentisti baschi operanti in Spagna), la Rote Armee Fraktion (in Germania) e le Brigate Rosse (in Italia) a insanguinare le strade e le piazze delle città. Non mancano però, purtroppo, gli attentati perpetrati dall'OLP (l'Organizzazione per la liberazione della Palestina, capeggiata da

Yasser Arafat) e da altri gruppi palestinesi (Settembre Nero, Fedayn ecc.) che scelgono i Paesi europei quale teatro delle loro azioni terroristiche di tipo internazionale, con intenti marcatamente politici.

Progressivamente, nel periodo 1990-2008, l'Europa comincia a perdere il suo triste primato. Infatti, nonostante in questi anni avvengano devastanti attentati a Madrid e a Londra, gli atti terroristici vengono realizzati soprattutto in Medio Oriente, in Nord Africa e nel Sud-Est asiatico. Questo spostamento geografico non è casuale. Esso coincide infatti con l'avvio di un mutamento radicale e di un fenomeno nuovo all'interno della vasta galassia del terrorismo: la profonda crisi del terrorismo nazionalistico a base politica e la nascita del terrorismo internazionale a matrice islamica, che avviene più o meno a metà degli anni Novanta[3]. È pertanto in altre aree del mondo (soprattutto Asia e Africa), in cui nasce e si sviluppa il fondamentalismo islamico, che in questo periodo si realizza la maggior parte degli attentati.

Questa tendenza si conferma nel periodo 2009-2019: se alle aree geografiche appena citate aggiungiamo l'Africa Subsahariana, otteniamo i tre quarti degli attentati realizzati in tutto il mondo. Infatti, se prendessimo come campione l'anno 2017 e disegnassimo su un planisfero un puntino rosso per ogni luogo in cui è avvenuto un attentato, il Medio Oriente, il Nord Africa, il Sud-est asiatico e l'Africa Subsahariana sarebbero coperti di inchiostro. Al contrario, in Occidente i puntini rossi sarebbero abbastanza rari.

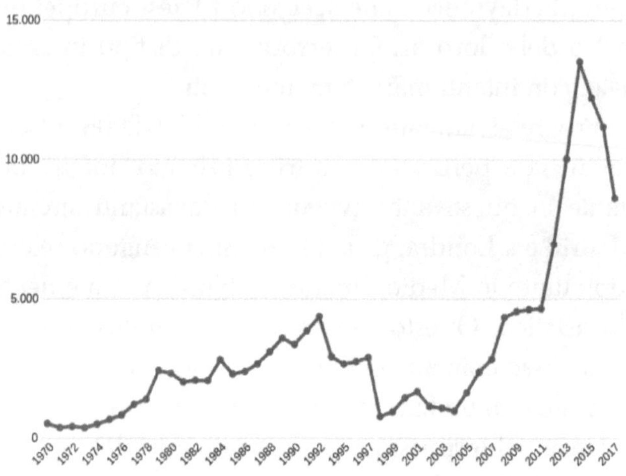

Figura 2 – Attentati terroristici nel mondo dal 1970 al 2017. Fonte: Global Terrorism Database

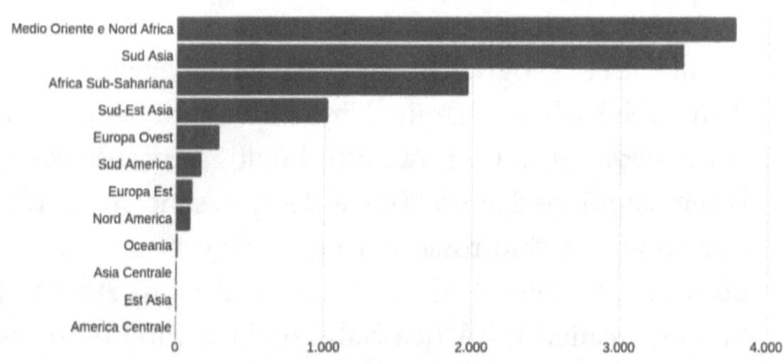

Figura 3 – Attentati terroristici nel 2017 per aree geografiche. Fonte: Global Terrorism Database

Cosa ricaviamo da questi dati? Innanzitutto, se guardiamo le percentuali per area geografica, i cittadini europei non sono oggi al centro della minaccia terroristica, ma lo sono i cittadini dell'Indonesia, della Nigeria, della Libia, dell'Iraq e di altri Paesi asiatici e africani. Infatti, negli ultimi dieci anni, in Europa ha avuto luogo meno del 10% del totale degli attacchi: i paesi più colpiti[4], in termini di numero di attentati e di vittime, sono paesi esterni all'Occidente e, soprattutto, a maggioranza musulmana (o comunque con una forte presenza di musulmani). Possiamo dunque concludere che le organizzazioni terroristiche più attive sono state quelle fondamentaliste islamiche e che una parte molto considerevole delle loro azioni si è realizzata all'interno dei Paesi islamici.

Il terrorismo islamico non riguarda però solo il mondo islamico. Esso ha avuto effetti profondi a livello globale, ottenendo dunque lo scopo che si era prefissato: allargare il solco tra musulmani e cristiani (ed ebrei), tra sunniti e sciiti, tra musulmani moderati e musulmani radicali e così via. Questi effetti sono stati notevoli soprattutto in Occidente: facendo stragi di innocenti, il terrorismo islamico ha fatto cadere governi, ha spostato a destra le opinioni pubbliche e le pratiche sociali di molti Paesi, mutandone le politiche interne ed esterne (oltre che le leggi), soprattutto in materia di immigrazione. Il terrorismo islamico ha rafforzato – in Occidente come in Oriente – il senso di identità intesa come un 'muro' da contrapporre ad altre identità, come se le identità fossero monadi eterne e immutabili, mentre in realtà sono sempre costruzioni storiche. In breve: il terrorismo islamico ha cambiato la scacchiera su cui si gioca la politica internazionale. Inoltre, i Paesi occidentali non sono più gli stessi dopo l'11 settembre 2001: paura e insicurezza si sono diffusi a macchia d'olio, tanto che in molti cittadini europei e americani Islam e violenza sono diventati sinonimi. Sappiamo che questa equivalenza non è vera, perché non esiste un unico Islam (come non esiste un unico Cristianesimo o un unico Ebraismo) e perché nel Corano, così come nella Bibbia, possono essere rintracciati passi che conducono sia sulla via dell'amore che sulla via della violenza. L'equivalenza tra Islam e violenza non è vera neppure da un punto di vista sociologico. Ogni mattina, un miliardo e ottocento milioni di musulmani si svegliano e si preparano, con un lavaggio rituale, alla prima sessione di preghiera della giornata. Quanti, tra coloro che professano la fede islamica, abbracciano una visione radicale dell'Islam e condividono o mettono in pratica atti di violenza? Secondo un articolo della *CNN*[5] i militanti jihadisti che fanno parte delle varie organizzazioni terroristiche sono circa centomila: lo 0,005% del totale dei musulmani.

Nonostante ciò, il *jihad*[6] è un termine ormai indissolubilmente legato al fenomeno del terrorismo islamico. Spesso viene tradotto con "guerra santa", termine appropriato solo in determinati contesti e spesso abusato: in realtà, "sforzo verso un determinato obiettivo"[7] sarebbe una traduzione decisamente più corretta. Come noto, il *jihad* è stato spesso al centro di accesi dibattiti e divergenze interpretative. Tradizionalmente, però, possiamo distinguere almeno due tipi di *jihad*: "il grande *jihad*" e "il piccolo *jihad*". Il primo, in genere sconosciuto al mondo occidentale, si basa su un principio di nonviolenza e si riferisce al conflitto spirituale che ogni musulmano deve intraprendere contro tutto ciò che di negativo è nel suo animo, cioè contro il male presente in ognuno di noi. Il secondo invece ha un carattere indubbiamente bellicoso ed è la guerra intrapresa dai musulmani contro un nemico non musulmano. Il *jihad,* inteso come guerra, è legittimo nel caso in cui si debba difendere la comunità musulmana dall'aggressione di un nemico. Quando Osama Bin Laden emana la *Dichiarazione del fronte islamico mondiale per la Guerra Santa contro ebrei e crociati* [8], egli sostiene che una coalizione formata da Israele, Stati Uniti e Arabia Saudita stia tentando di distruggere l'Islam e chiama tutti i musulmani a difendere la loro fede attraverso il combattimento contro queste nazioni, rifacendosi quindi alla dottrina del "piccolo *jihad*" di tipo difensivo.

Il mondo islamico non ha un unico punto di riferimento istituzionale, gerarchico ed esclusivo, per le questioni religiose e teologiche (come avviene per esempio nel Cattolicesimo, con il primato del Papa). Anche senza insistere sulla nota distinzione tra sunniti e sciiti, possiamo notare che l'Islam è una religione disseminata sui territori, formata da numerose scuole di pensiero e movimenti e prospettive interpretative in netto contrasto tra loro. Uno di questi movimenti, alla cui dottrina si collegano molte organizzazioni terroristiche, è il salafismo[9], che è nato e si è sviluppato in area sunnita. La dottrina del salafismo jihadista è quella su cui si basa l'ideologia di al-Qaeda ed è attraverso l'ottica di questa ideologia che possiamo leggere gli attentati terroristici che hanno infiammato il mondo intero. In generale i movimenti salafiti predicano un ritorno alla purezza dell'Islam delle origini inteso come forma radicale di contrasto alla modernità. Ma per raggiungere questo obiettivo, molto vago, si sono create, all'interno del salafismo, correnti diverse, che riguardano il modo in cui è possibile giungere a questa mèta. A coloro che sostengono che bisogna operare pragmaticamente all'interno della legalità e dei sistemi politici esistenti, si oppongono coloro che sostengono la necessità di ottenere lo scopo, con qualsiasi mezzo, anche violento. Per questo, quando parliamo di "salafismo", è corretto aggiungere anche l'aggettivo "jihadista", se ci riferiamo ai gruppi di terroristi, anche perché lo scontro all'interno del movimento salafita tra coloro che predicano l'uso della violenza e altri che la ripudiano è tutt'ora aperto.

Secondo i salafiti jihadisti i nemici principali dell'Islam sono essenzialmente tre: gli occupanti stranieri dei paesi musulmani, i regimi arabi "corrotti" e gli sciiti. Ma anche coloro che non fanno parte di queste tre categorie di "avversari", e che tuttavia non si schierano apertamente dalla parte dei terroristi, sono considerati alla strenua dei nemici. In una visione manichea della realtà, secondo i principi del salafismo jihadista il mondo può essere diviso in due grandi blocchi, una sorta di bianco e nero: "noi" e "loro". Non ci sono né sfumature né vie di mezzo, non c'è tolleranza e non c'è spazio per le neutralità né per il dialogo. Un esempio di questa visione manichea possiamo trovarlo anche nel discorso del Califfo dell'ISIS Abu Bakr al-Baghdadi alla comunità musulmana: *"Il mondo è oggi diviso in due campi [...] e non ve ne è un terzo: il campo dell'Islam e della fede e il campo della miscredenza e dell'ipocrisia"*[10].

Ma, naturalmente, anche all'interno dei movimenti salafiti jihadisti è possibile notare la presenza di divisioni, contrapposizioni ed evoluzioni. Nuovi gruppi terroristici nascono e muoiono quasi ogni anno, spesso sulla base del mutamento dei fenomeni geopolitici. Oggi, dopo la caduta dello Stato Islamico, che aveva assunto la funzione di "collante" tra diversi gruppi (funzione che era precedentemente nelle mani di al-Qaeda e che, adesso, nelle mani di al-Qaeda pare stare ritornando) la situazione è abbastanza frammentata.

Londra, Parigi, Madrid, Washington, New York. Nella sua lunga storia al-Qaeda ha compiuto attentati terroristici in tutte le più grandi città occidentali, non risparmiando però il resto del mondo. Fondata nel 1988 a Peshawar (Pakistan), l'organizzazione ha passato i primi anni della sua esistenza tra l'Arabia Saudita e il Sudan, 'limitandosi' a piccole azioni di terrorismo locali. Dieci anni dopo, con i due attentati alle ambasciate americane in Kenya e in Tanzania, al-Qaeda finisce sulle prime pagine dei giornali di tutto il mondo. È l'inizio dell'ascesa di Osama Bin Laden al rango di "leader della jihad globale" e il principio di un dominio quasi totale sull'ambiente jihadista medio-orientale, asiatico e africano.

Un altro dei principali gruppi terroristici, la cui ideologia si ispira al salafismo jihadista, è *al-Shabab*. Al-Shabab (in arabo "I ragazzi") è un affiliato di al-Qaeda fondato sul finire degli anni Novanta e operante in Somalia, dove imperversa una guerra civile dominata dai diversi "signori della guerra". Comandato da Ahmed Umar Abu Ubaida, il gruppo ha effettuato, dal 2016 al 2019, circa 350 attacchi che hanno causato oltre 2500 morti[11]. In Nigeria, Camerun, Ciad e Niger, è invece attivo *Boko Haram*, fondato a inizio millennio. Nel 2015 il leader di Boko Haram, Abubakar Shekau, ha dichiarato la propria fedeltà all'ISIS e al Califfo Abu Bakr al-Baghdadi. Oltre a essersi reso protagonista di rapimenti sullo stile di quello avvenuto nell'aprile 2014, quando più di duecento studentesse sono state prelevate dalla loro scuola e sequestrate, Boko Haram ha effettuato quasi 400 attacchi che hanno causato oltre 2500 morti[12]. In Nord Africa (specialmente in Libia) sono invece attivi gruppi come *Ansar al-Sharia*, AQIM (acronimo di *al-Qaeda in the Islamic Maghreb*) e *al-Mourabitoun*[13].

Nella penisola arabica troviamo i gruppi *AQAP* e *Houthis*, che sfruttano la situazione di caos presente in Yemen per perseguire i loro interessi di potere, mirando a fondare un califfato nella regione. Houthis è di area sciita ed è sponsorizzata dall'Iran, mentre AQAP è di area sunnita. In Medio Oriente si trovano molti altri movimenti che fondano le loro azioni sulla violenza. Nella Striscia di Gaza ha sede *Hamas*, un'organizzazione terroristica formata da palestinesi, il cui scopo è combattere contro Israele. Questo gruppo, che fin dalla sua fondazione ha avuto un'impronta decisamente nazionalistica, è oggi soggetto a numerose infiltrazioni da parte di elementi jihadisti: Hamas sembra quindi sempre più passare da una dimensione eminentemente politica (palestinesi e israeliani che si contendono gli stessi territori) a una strettamente religiosa (musulmani che combattono per la loro religione contro gli ebrei).

Operante principalmente in Libano è invece l'organizzazione sciita *Hezbollah*, un tipico esempio di organizzazione terroristica controllata da uno Stato allo scopo di estendere – senza un intervento diretto – il proprio controllo politico, economico e militare su determinate regioni. Lo Stato in questione è l'Iran che, attraverso il suo Corpo delle Guardie della Rivoluzione Islamica, rifornisce Hezbollah di armi, uomini e missili; gli stessi missili che Hezbollah lancia con frequenza quasi quotidiana contro lo Stato d'Israele. L'Iran ha favorito la nascita di Hezbollah all'inizio degli anni Ottanta, quando in Libano era in corso la guerra civile, con la speranza di utilizzare questo movimento per conquistare il controllo del Paese. Nei suoi primi anni di attività Hezbollah si è macchiato di due attentati contro la coalizione internazionale di stanza in Libano. Il primo avviene il 18 aprile 1983, quando un pick-up Chevrolet carico di esplosivo si schianta contro le mura dell'ambasciata americana a Beirut, uccidendo 63 persone, di cui 17 cittadini americani. Il secondo avviene l'anno seguente, il 23 ottobre: due attacchi suicidi eseguiti in contemporanea, sempre con l'ausilio di veicoli imbottiti di esplosivo, colpiscono una caserma di marines statunitensi e una di paracadutisti francesi, causando rispettivamente 241 e 58 morti. Elementi affiliati a Hezbollah attaccano poi, a Buenos Aires, l'Ambasciata israeliana (con 29 morti), nel 1992, e la sede dell'Associazione Mutualità Israelita Argentina (con 85 morti), nel 1994. Ma Hezbollah non appartiene solo al passato, perché costituisce tutt'ora una grave minaccia a livello globale, specialmente per gli ebrei.

Lo Stato Islamico, come è universalmente conosciuto, si è venuto a formare dalla fusione di due distinti gruppi terroristici tra la Siria e l'Iraq nel 2013, ma era presente sul territorio sotto altri nomi già dal 2004. Nel 2014 il leader del gruppo, Abu Bakr al-Baghdadi, ha proclamato la nascita di un Califfato[14], rifiutandosi di eseguire gli ordini di Aymain al-Zawahiri (leader di al-Qaeda) e creando quindi una frattura mai sanata tra i due gruppi. Alla fine del 2018, dopo le campagne militari della Siria, dell'Iraq e della Coalizione Internazionale, dello Stato Islamico non rimanevano altro che pochi combattenti asserragliati nel deserto. Quattro anni sono però bastati al gruppo per portare a termine alcuni dei peggiori attentati che l'Europa abbia mai subito. Anche dello Stato Islamico si parlerà ampiamente nei prossimi capitoli.

In Siria, dopo la caduta del Califfato, nella zona nord-occidentale si è installata una nuova organizzazione jihadista: l'Organizzazione per la Liberazione del Levante, conosciuta con l'acronimo arabo *HTS*, che al momento pare essere affiliata (almeno formalmente) ad al-Qaeda e che raccoglie sotto la propria bandiera buona parte dei militanti del fronte *al-Nusra*[15]. Ma in Siria la situazione è in continua evoluzione, visto che l'intreccio tra interessi nazionali, internazionali e religiosi ha creato un caos difficile da comprendere e, soprattutto, da risolvere.

Tra l'Afghanistan e il Pakistan, hanno sede due organizzazioni salafite di vecchia data: i *Talebani* e la rete di *Haqqani*. Queste due organizzazioni sono strettamente connesse l'una con l'altra ma, mentre la prima si concentra sull'Afghanistan, la seconda ha come raggio d'azione principale il Pakistan. Il sito Counter Extremism[16] afferma: *"Nel 2014 il nucleo dei Talebani pareva includere più di sessantamila combattenti"[17]*. Inoltre[18]: *"Nel settembre 2017 i Talebani, secondo i rapporti ufficiali, controllavano, o avevano la capacità di 'contestare', più del 45% del territorio dell'Afghanistan"* [19]. Dal 2016 al 2019 si conta che i Talebani abbiano sferrato circa 700 attacchi per un totale di oltre 6000 morti[20]. Questi due gruppi, il cui obiettivo è rovesciare i governi dell'Afghanistan e del Pakistan per creare un unico Stato islamico in cui applicare integralmente la *Sharia,* sono attualmente in forte espansione. I Talebani, in particolare, grazie al crescente potere e al numero di territori controllati in Afghanistan, potrebbero in futuro (come già successo in passato) rappresentare un prezioso alleato per al-Qaeda.

Tra il Pakistan è l'India si trovano i gruppi *Lashkar-e-Taiba* e *AQIS* (il ramo di al-Qaeda nel subcontinente indiano). Mentre la creazione di AQIS, da parte di Ayman al-Zawahiri, risale al 2014, Lashkar-e-Taiba deriva da un vecchio gruppo terroristico, fondato da Abdullah Azzam e attivo nella regione già all'inizio degli anni Novanta. Questi due gruppi, praticamente sconosciuti a ogni cittadino europeo perché conducono azioni terroristiche solamente in Asia, sono tra i più forti, stabili e meglio organizzati del globo. Responsabili di attentati gravissimi e di centinaia di morti, AQIS e Lashkar-e-Taiba, tra di loro indipendenti, condividono lo stesso obiettivo di fondare un califfato.

Infine, nel sud-est asiatico hanno sede *Jemaah Islamiyah* (Indonesia) e *Abu Sayyaf* (Filippine). Tra loro affiliate ed entrambe simbolicamente associate all'ISIS e ad al-Qaeda, queste due organizzazioni perpetrano, da ormai quasi trent'anni, continui e violenti attentati nelle due isole. È a causa della loro attività che il Sud-Est dell'Asia è stato la quarta area geografica al mondo con più attentati nel 2017. Decine di altri gruppi jihadisti, il cui numero di componenti può variare da qualche decina a diverse centinaia, sono poi dispersi in tutto il mondo e la loro individuazione è sottoposta a una continua analisi da parte dei servizi dei Paesi occidentali e dei governi dei Paesi islamici moderati.

Com'è evidente, un'analisi approfondita di questa galassia terroristica – variegata, frammentata, conflittuale e in continua evoluzione – richiederebbe la scrittura di un'intera enciclopedia, da aggiornare continuamente. Lo scopo di questo libro è un altro, anche perché la letteratura specialistica sul terrorismo islamico è già abbastanza sviluppata. Qui si propone una ricostruzione, effettuata attraverso fonti autorevoli e documenti ufficiali, delle dinamiche degli attentati che, negli ultimi trent'anni, hanno sconvolto i Paesi occidentali (e non solo, visto che vengono brevemente affrontati anche alcuni attentati realizzati in Oriente). Questa ricostruzione è strettamente attinente alla realtà dei fatti ma è presentata come un racconto, come una narrazione che mette in primo piano i protagonisti e le singole vicende. Gli attacchi, dai più noti ai meno conosciuti, vengono narrati al presente e in terza persona, adottando il punto di vista di un narratore sempre differente. Dal World Trade Center di New York alla metropolitana di Londra, dalla sede di Charlie Hebdo all'Arena di Manchester, dal Pulse di Orlando al teatro Bataclan di Parigi, di volta in volta viene data voce a un soccorritore, un sopravvissuto, un ufficiale di polizia, un artificiere o all'attentatore stesso.

Il resoconto di questi tragici avvenimenti è, inoltre, inserito in una narrazione più ampia, che intende fornire alcune risposte a due grandi domande su uno dei fenomeni più rilevanti dell'attualità: quali sono i fondamenti del terrorismo islamico? E chi sono realmente i terroristi?

Per rispondere alla prima domanda è inevitabile fare riferimento ai fenomeni geopolitici che hanno interessato i rapporti tra Occidente e Medio Oriente. Nel testo non viene presentata una ricostruzione esaustiva di questi fenomeni, ma ne vengono evidenziate alcune caratteristiche fondamentali legate alla proliferazione del terrorismo. Ma è soprattutto alla seconda domanda che cerca di rispondere il libro, dedicando grande attenzione alle figure degli attentatori, autori di una violenza spesso eterodiretta dai leader delle organizzazioni terroristiche come al-Qaeda, alla quale, tuttavia, spesso essi aggiungono motivazioni personali. Nella conclusione del libro viene proposta anche una riflessione sulle cause sociali e psicologiche della radicalizzazione e dell'estremismo degli attentatori.

Questi tre elementi – gli attentati terroristici, i fondamenti del terrorismo e i terroristi – sono qui racchiusi in un'unica, continua narrazione, che procede in ordine cronologico dalla nascita di Osama Bin Laden nelle strade polverose di Gedda all'attentato di Cherif Chekkat nelle strade di Strasburgo, l'11 dicembre 2018. Una storia che ci conduce a intravedere, lungo l'intreccio narrativo del racconto, un tratto oscuro, eppure sempre presente, della natura umana: la violenza come potere.

1

LA NASCITA DI AL-QAEDA

È il 2 maggio 2011, l'orologio segna l'una di notte, fuso orario del Pakistan. Osama Bin Laden, insieme ai familiari, dorme nel suo compound ad Abbottabad, cittadina poco a Nord di Islamabad, la capitale pachistana. Nello stesso complesso vivono anche i fratelli al-Kuwaiti e Khalid, uno dei figli di Bin Laden, insieme alle rispettive famiglie. Nessuno di questi uomini sa ancora che non vedrà l'alba della mattina seguente. Ventiquattro assaltatori dello United States Naval Special Warfare Development Group (DEVGRU), altrimenti noto come Navy Seal Team Six, sono in volo su due elicotteri Black Hawk del 160th Special Operations Aviation Regiment (SOAR) in rapido avvicinamento al compound di Osama Bin Laden. L'operazione, battezzata "Lancia di Nettuno", porterà all'uccisione del noto capogruppo di al-Qaeda, di suo figlio Khalid e di due dei suoi corrieri più fidati: Abu Ahmed e Abrar al-Kuwaiti, oltre che della moglie di quest'ultimo. Dopo circa dieci anni, gli Stati Uniti hanno punito il vero responsabile del sanguinoso attentato dell'11 settembre.

Osama Bin Laden, Abdullah Azzam e Ayman al-Zawahiri

Osama Bin Laden è stato uno dei personaggi più tristemente noti degli ultimi decenni. L'organizzazione da lui fondata e di cui è stato a capo fino al giorno della sua morte, al-Qaeda, ha perpetrato, insieme ai suoi affiliati, più di duemila attentati in tutto il mondo. Tra questi basterebbe menzionare gli attacchi dell'11 settembre 2001, quando quattro aerei dirottati nei cieli degli Stati Uniti causarono quasi tremila morti, gli attentati di Madrid, Londra e Parigi, senza dimenticare tutti gli attacchi messi a segno al di fuori dell'Europa e degli Stati Uniti, per comprendere la vastità e la gravità delle conseguenze della creazione di al-Qaeda.

Dietro tutti questi attacchi vi è la mente e la leadership di Osama Bin Laden, noto tra i suoi adepti come l'Emiro, l'uomo che è stato per diversi anni il più ricercato dal governo degli Stati Uniti, che ha inneggiato alla distruzione dell'Occidente e di tutti i governi arabi in qualche modo a esso legati e che ha contribuito a creare il sistema di odio politico e religioso che ha causato migliaia di vittime innocenti. Nel suo modo perverso, Osama Bin Laden è stato un rivoluzionario, perché ha cambiato radicalmente la struttura e ha dato nuovo vigore a un fenomeno che sembrava legato soltanto alle contrapposizioni politiche e che, agli inizi degli anni Novanta, pareva destinato a esaurirsi: il terrorismo.

"È stato un bravissimo ragazzo fino a che, a vent'anni, non ha incontrato gente che gli ha fatto il lavaggio del cervello. La puoi definire una setta.

Ottenevano del denaro per la loro causa. Gli dicevo sempre di stare lontano da loro, ma lui non ammetteva mai quello che stava facendo, perché mi amava moltissimo "[21]. È così che la madre di Bin Laden parla del figlio ai giornalisti del *Guardian*, ricordandolo come un bambino timido e studioso che gioca nelle strade polverose di Gedda. Lo stesso bambino, figlio di un multimiliardario yemenita emigrato in Arabia Saudita, che una volta cresciuto dichiarerà: *"È decisamente meglio per ognuno uccidere un singolo soldato americano piuttosto che sprecare il proprio tempo in altre attività "[22]*. Osama Bin Laden nasce a Riad nel 1957 ma si radicalizza solo nella tarda adolescenza, quando frequenta la King Abdulaziz University (1976-1979), prima ancora di recarsi in Afghanistan per combattere contro i russi. Proprio in Afghanistan incontra colui che diventerà suo mentore spirituale e cofondatore di al-Qaeda: Abdullah Azzam.

Abdullah Azzam (1941-1989), originario della Cisgiordania, è conosciuto come "il padre della jihad globale"[23] poiché, con il suo pensiero politico e religioso, ha contribuito a creare e diffondere la visione del *jihad* che domina ancora oggi in numerosi gruppi fondamentalisti islamici. Prima di incontrare Bin Laden, insegna – grazie alla sua solida formazione in campo religioso – in numerose università arabe (tra cui l'università al-Azhar in Egitto e la King Abdulaziz University[24]) in tutto il Medio Oriente e pubblica uno dei suoi scritti più famosi, *La difesa dei territori musulmani* (1979), in cui spiega due tipi di *jihad*: il *jihad* offensivo *("attaccare gli infedeli nel loro Paese")* e il *jihad* difensivo *("espellere gli infedeli dai nostri paesi")*[25]. Prima dell'invasione russa dell'Afghanistan (1979-1989), Azzam si trova in Palestina dove tenta di convincere la comunità palestinese che quella che stanno combattendo contro Israele non è una guerra per la libertà della propria Nazione ma per il trionfo dell'Islam. Ottenendo scarso successo (ciò che spingeva i palestinesi a combattere era infatti il nazionalismo e il desiderio di avere un territorio sovrano, non la fede religiosa), si reca in Afghanistan dove promuove la sua personale interpretazione del conflitto in corso tra i russi e la popolazione locale: una guerra contro gli infedeli condotta da tutti i musulmani, che devono superare ogni divisione interna per l'Islam.

Quando Azzam incontra Bin Laden in Afghanistan, capisce subito di avere di fronte un giovane brillante e intelligente che al fronte sarebbe decisamente sprecato: gli offre dunque un ruolo nell'*Ufficio dei servizi*, l'organizzazione che lui stesso ha creato per diffondere la causa dei *mujaheddin* afghani nel mondo e per finanziare i combattenti. Mentre Azzam si interessa principalmente di politica e compie numerosi viaggi in giro per il mondo allo scopo di intrecciare rapporti favorevoli alla sua causa, Osama si concentra sullo sviluppo di una rete di reclutamento e addestramento per gli arabi che confluiscono in Afghanistan da ogni luogo. È da questa rete che nasce al-Qaeda, ufficialmente fondata nel febbraio 1988 durante un incontro di tre giorni a Peshawar, un anno prima del ritiro dei sovietici dall'Afghanistan. Quando viene fondata, al-Qaeda (in italiano, "la base"), non è altro che un gruppo di *mujaheddin* (guerrieri islamici) organizzati per combattere un *jihad* difensivo contro l'invasione russa, ma di lì a poco si evolverà fino a diventare un'organizzazione terroristica determinata a condurre attacchi contro gli infedeli di tutto il mondo.

Durante gli anni dell'invasione russa dell'Afghanistan fa il suo ingresso, nella biografia di Osama Bin Laden, anche Ayman al-Zawahiri, che diverrà leader di al-Qaeda dopo la morte di Bin Laden e su cui attualmente pende una taglia dell'FBI di venticinque milioni di dollari. Al-Zawahiri nasce in Egitto (1951) e, giovanissimo, entra a far parte in un primo tempo dei Fratelli Musulmani e in seguito dell'EIJ (Egyptian Islamic Jihad), un gruppo fondamentalista islamico del suo Paese. Studia medicina all'Università del Cairo, consegue un master in chirurgia e si reca anche lui in Afghanistan, dove offre il suo contributo curando i feriti in combattimento. È in quel periodo che conosce Osama Bin Laden, di cui diverrà braccio destro (e successore al comando di al-Qaeda). Nonostante il suo nome sia passato in secondo piano nella storia dell'organizzazione rispetto a quello di Bin Laden, Ayman al-Zawahiri ha giocato un ruolo di fondamentale importanza nella crescita di al-Qaeda da piccolo gruppo agente su base locale a organizzazione internazionale. Egli viene infatti considerato il consigliere più fidato dell'Emiro, colui a cui ha fatto riferimento per le scelte più importanti e che, con la sua astuzia e le sue conoscenze, ha profondamente influenzato la storia del fondamentalismo islamico nel Medio Oriente.

Di questi tre uomini, soltanto due saranno ancora vivi al debutto degli anni Novanta. Nel 1989 i sovietici si ritirano dall'Afghanistan e, per motivi di ascesa al potere, alcune dispute nascono all'interno dell'Ufficio dei Servizi. Il 24 novembre Abdullah Azzam sta probabilmente maledicendo il traffico mattutino di Peshawar mentre si dirige in auto verso una moschea, quando un'esplosione devastante investe il suo veicolo uccidendo lui e i suoi due figli maggiori. Nonostante le indagini delle autorità nessuno riesce a individuare i colpevoli, ma i sospetti aleggiano su al-Zawahiri e sullo stesso Bin Laden che avrebbero ucciso Azzam per ottenere il completo controllo sull'organizzazione appena creata.

Il primo sangue di al-Qaeda

Quando nel 1990 le truppe irachene di Saddam Hussein invadono il Kuwait, Osama Bin Laden vuole a tutti costi che il re dell'Arabia Saudita offra a lui e ai suoi *mujaheddin* l'onore di combattere la guerra di liberazione e, quando il re rifiuta il suo aiuto preferendogli una coalizione occidentale, il suo odio si scatena non solo contro l'Occidente ma anche contro la casa regnante saudita, da cui si sente profondamente tradito. Bin Laden critica aspramente la decisione del Re Fahd ed entra in contrapposizione con il suo governo, fino a quando non viene costretto a lasciare l'Arabia Saudita nel 1991, per trasferirsi in Sudan con una parte dei suoi guerrieri.

Dopo il suo trasloco in Sudan, alla storia di Bin Laden si sovrappone quella di al-Qaeda, una storia sanguinosa, violenta, segnata da odio, morte e distruzione.

Nel dicembre 1992, quattro giorni dopo Natale, due ordigni esplodono in due diversi hotel nella città di Aden, nello Yemen. È il primo attentato dell'organizzazione ai danni degli Stati Uniti: l'obiettivo era infatti quello di uccidere i Marines che alloggiavano negli alberghi, fortunatamente da poco partiti alla volta della Somalia. L'attacco è quindi formalmente fallito, ma nelle esplosioni perdono la vita un turista austriaco e un impiegato dell'hotel, mentre altre sette persone rimangono ferite. La CIA collegherà l'attentato ad al-Qaeda circa un anno dopo mentre, in seguito, lo stesso Bin Laden lo definirà come *"la prima vittoria di al-Qaeda contro i crociati"*[26].

L'anno successivo, il 26 febbraio, qualche minuto dopo mezzogiorno, Anne Marie Tesoriero, un'insegnante della scuola materna, si trova con i suoi piccoli alunni in visita a una delle due Torri Gemelle a New York. Ancora non sa che, suo malgrado, sta per diventare protagonista di uno dei primi grandi attacchi dei fondamentalisti islamici sul suolo degli Stati Uniti: il primo, meno noto, attacco al World Trade Center. Dopo aver ammirato la città dalla terrazza panoramica, il gruppo scolastico entra nell'ascensore con alcuni altri visitatori e insieme si apprestano a tornare al piano terra. All'improvviso, una fortissima esplosione, proveniente dal basso, assorda i presenti e fa tremare l'edificio. L'ascensore si blocca e le sue luci si spengono, lasciando gli occupanti nell'oscurità più totale. Fuori dalla cabina si sentono le urla e il calpestio della gente in fuga, dentro l'elevatore alcuni bambini cominciano a piangere e gli adulti a preoccuparsi, ma il peggio deve ancora venire. Una densa colonna di fumo comincia a risalire lungo le torri, rendendo difficoltosa la fuga delle persone, e raggiunge anche la colonna dell'ascensore. Come se non bastasse, a causa delle fiamme sviluppatesi nei sotterranei dell'edificio e del numero troppo elevato di persone, la temperatura all'interno della cabina sale alle stelle: i presenti, intrappolati al buio, ascoltano le grida provenienti dall'esterno, sentono l'odore del fumo e subito pensano di stare per morire dentro l'ascensore. Vi sono scene di panico, alcuni perdono totalmente il controllo, altri si limitano a singhiozzare in silenzio. Anne Marie, con grande coraggio, combatte contro la sua claustrofobia e la sua paura del buio per tranquillizzare i suoi alunni[27].

Il gruppo viene liberato, dopo ben cinque ore, dai soccorsi. Poco dopo si apprende che tutto è stato causato da un furgone imbottito di esplosivo, posizionato e fatto detonare nel parcheggio sotterraneo. Nella deflagrazione il veicolo, contenente una miscela dal peso di circa 800 chilogrammi di nitrourea (un esplosivo ad alto potenziale) e gas idrogeno, ricoperta da particelle di magnesio, alluminio e ossido ferrico, ha creato un cratere di circa trenta metri. Un ordigno, quindi, incredibilmente potente la cui detonazione causa la morte sul colpo di sei persone (tra cui una donna incinta al settimo mese). Tra tutte le persone che, in preda al panico, scappano dall'edificio, in totale più di mille rimangono ferite, alcune anche abbastanza gravemente.

L'FBI risponde subito all'attacco terroristico, assegnando al caso più di 700 agenti in tutto il mondo. Le indagini portano all'arresto del primo terrorista,

Mohammad Salameh, da parte delle forze speciali SWAT, che catturano l'uomo mentre si trova nell'agenzia in cui aveva noleggiato il furgone dell'attentato per ritirare i 400 dollari della cauzione con cui avrebbe dovuto lasciare gli Stati Uniti. Grazie alle informazioni ottenute, l'FBI giunge ad altri tre attentatori che, insieme a Mohammad Salameh, vengono processati e condannati all'ergastolo. Altri due terroristi, insieme a Ramzi Yousef, riescono invece a uscire dal Paese e a far perdere le proprie tracce: Yousef, in particolare, è etichettato come l'architetto della congiura e, nei suoi anni di latitanza, si darà molto da fare per rimediare al "fallimento" del suo primo attacco.

In seguito, infatti, le indagini rivelano che, secondo il progetto iniziale, il furgone esplosivo doveva essere posizionato a fianco delle fondamenta, cioè in altro luogo, anche se poco distante rispetto a quello in cui realmente è stato parcheggiato. Se così fosse avvenuto, la Torre Nord sarebbe crollata, collassando su quella Sud, causando migliaia di morti. Un errore nell'ordine di qualche decina di metri consentì alla struttura di reggere. Gli Stati Uniti non hanno mai accusato ufficialmente al-Qaeda o Bin Laden dell'attentato, ma alcune successive indagini del Congresso hanno fatto emergere alcuni elementi che evidenziano un'affiliazione di Ramzi Yousef con il gruppo terroristico[28].

Tra aprile e giugno dello stesso anno, l'FBI individua un'altra cellula terroristica che ha lo scopo di perpetrare attacchi esplosivi contro vari obiettivi nella città di New York. A tutto il mondo ormai è chiaro: il nemico numero uno di Osama Bin Laden sono gli Stati Uniti.

Uomo in fuga

Ramzi Yousef, l'attentatore del World Trade Center, è in fuga. Dopo aver lasciato gli Stati Uniti in seguito all'attentato, si nasconde come meglio può, viaggiando per varie nazioni del Medio Oriente forse grazie ai finanziamenti di al-Qaeda, mentre gli Stati Uniti impiegano le loro risorse per individuarlo. Ciò non gli impedisce però di perpetrare altri attentati. Il 20 giugno 1993 centinaia di musulmani sciiti si radunano nel Mausoleo dell'Imam Reza, in Iran, per una delle più importanti festività religiose: la *Ashura*. È un giorno importante e il luogo è affollatissimo: vi si ritrovano infatti non solo la comunità locale ma anche molti pellegrini venuti da varie parti dell'Iran. Improvvisamente, una bomba costruita da Ramzi Yousef esplode in mezzo alla folla causando venticinque morti, principalmente donne, mentre decine di persone perdono gli arti, l'udito, dita o mani, altre rimangono paralizzate a vita e altre ancora completamente cieche. L'attacco dimostra al mondo che non è solo l'Occidente a doversi preoccupare di Osama Bin Laden e della sua organizzazione: anche il mondo sciita è in pericolo.

Ma Ramzi Yousef non è ancora contento, la sua sete di sangue e il suo odio incondizionato verso tutti coloro che non fanno parte dei musulmani salafiti lo spinge a organizzare un altro attentato, passato alla storia come il Progetto Bojinka. Il piano è estremamente ambizioso e complesso, oscuro in molte sue parti e articolato in più fasi: uccidere Papa Giovanni Paolo II in visita nelle Filippine, piazzare ordigni multipli su vari aerei di linea e, infine, guidare un aereo carico di esplosivo sulla base della CIA a Langley, in Virginia. Yousef affida la fase di preparazione ai suoi complici e, per non lasciare nulla al caso, decide di testare di persona una delle bombe da posizionare sugli aerei durante la seconda fase. Così, usando un passaporto italiano falso, l'11 dicembre 1994 si imbarca sul volo 434 della Philippine Airlines, utilizza il bagno per assemblare il suo ordigno con un timer e lo piazza sotto uno dei sedili, poi abbandona l'aereo al primo scalo. Quando la bomba esplode poche ore dopo, l'aereo si trova già in volo ma, fortunatamente, Yousef non ottiene l'effetto sperato. La detonazione infatti è assorbita in gran parte dal seggiolino e non causa danni irreversibili alla struttura, così i piloti possono effettuare un atterraggio di emergenza e salvare tutti i passeggeri e membri dell'equipaggio. Tutti tranne uno, Haruki Ikegami, un cittadino giapponese, si trova infatti seduto nel seggiolino sotto cui è posizionata la bomba e muore sul colpo. Il terrorista, dimostrando un'incredibile abilità, riesce a sfuggire per l'ennesima volta alla cattura ma deve affrontare un'altra delusione quando il suo maestoso piano di assassinare il Papa è scoperto dalla polizia delle Filippine, pochi giorni prima dell'attuazione.

Si scatena una caccia all'uomo internazionale e, circa un mese dopo, Yousef viene individuato e catturato a Islamabad, per poi essere estradato negli Stati Uniti. Durante il processo, il giudice si rivolge a lui con queste parole: *"Ramzi Yousef, tu dichiari di essere un militante islamico ma, tra tutte le persone uccise o ferite dalla bomba del World Trade Center, non puoi nominarne una che fosse contro di te o contro la tua causa. Questo però non ti importava, pur di lasciare morti e feriti sulla tua strada... Ramzi Yousef: non sei adatto a sostenere l'Islam. Il tuo Dio non è Allah. Il tuo Dio è la morte... Non stavi cercando conversioni. Tutto ciò che volevi era causare morte. Il tuo Dio non è Allah. Adori la morte e la distruzione. Quello che fai, non lo fai per Allah, lo fai solo per soddisfare il tuo senso distorto dell'ego... Vuoi far credere agli altri che sei un soldato ma gli attacchi ai civili per i quali sei condannato sono stati attacchi subdoli che hanno cercato di uccidere e mutilare persone totalmente innocenti... Tu, Ramzi Yousef, sei venuto in questo Paese per presentarti come un fondamentalista islamico, ma a te importa poco o nulla dell'Islam o della fede dei musulmani. Non hai adorato Allah ma il male che tu stesso sei diventato. E devo dire che, come apostolo del male, sei stato molto efficace"* [29].

L'alleanza con i Talebani

Nel mese di maggio 1996 ha luogo un nuovo attentato che porta la firma di Ayman al-Zawahiri, il medico egiziano braccio destro di Bin Laden che ordina un attacco al corteo del presidente egiziano Hosni Mubarak, in viaggio in Etiopia in occasione di un summit. Lo stesso presidente, illeso, racconta ai giornalisti l'assalto al suo convoglio: *"Alcuni di loro erano sui tetti delle case, altri nella strada. Improvvisamente, un furgone blu ha bloccato la via e sono cominciati i colpi di arma da fuoco. È stato scioccante ma non ero spaventato poiché sapevo che la macchina era blindata"* [30]. Il fallito attentato è rivendicato da estremisti islamici egiziani il cui leader è, tra gli altri, appunto al-Zawahiri, ma alcune piste seguite dai servizi segreti egiziani conducono addirittura a militanti islamici in Sudan, dove Osama Bin Laden esercita la sua sfera di influenza. In breve tempo il Sudan cade sotto i riflettori del governo saudita e degli Stati Uniti che, esercitando pressioni di ogni tipo, principalmente di natura economica, inducono il Paese a espellere, circa un anno dopo, Osama Bin Laden, costretto a tornare con i suoi guerrieri in Afghanistan, dove rimarrà per gran parte della sua vita.

Qui infatti stringe legami con i Talebani, un gruppo sunnita fondamentalista che, dopo il ritiro dei russi, governa il Paese secondo la propria perversa visione della *Sharia*. Alle donne è severamente proibito presentarsi in pubblico senza il burqa e senza un parente; inoltre non possono istruirsi, né leggere qualsivoglia libro che non sia il Corano, e sono interdette da ogni lavoro. Per questo motivo il regime dei Talebani passerà alla storia come misogino, anche se in realtà tutta la popolazione è sottoposta a regole strettissime: è vietata qualsiasi forma di intrattenimento (televisioni, spettacoli, ecc.), sono proibiti il consumo di alcolici, il gioco d'azzardo e portare la barba corta. Vengono introdotte pene disumane, come l'amputazione degli arti o la messa a morte per lapidazione. Si moltiplicano inoltre le sentenze capitali. Nel frattempo, al-Qaeda continua a occuparsi dell'addestramento dei propri *mujaheddin*.

In questi anni nei campi di al-Qaeda e dei Talebani, da tutto il mondo confluiscono combattenti e aspiranti tali, il cui passato e le cui motivazioni vengono meticolosamente controllate per impedire a eventuali spie di infiltrarsi e raccogliere informazioni. Nei campi le reclute apprendono l'uso delle armi, la fabbricazione di esplosivi, la topografia, le tecniche di guerriglia: un'attenzione particolare viene posta anche nel trasmettere l'importanza della segretezza nell'organizzazione, il tutto accompagnato da estenuanti esercizi fisici giornalieri. L'addestramento è affiancato da basilari lezioni sulla politica e sulla religione islamica e, più in particolare, riveste un ruolo fondamentale l'insegnamento della dottrina del *jihad* violento. Una caratteristica fondamentale dei campi di al-Qaeda è che ogni recluta viene valutata rigorosamente secondo le proprie attitudini per essere indirizzata verso l'incarico più appropriato. I più violenti vengono mandati al fronte mentre i più intelligenti sono destinati a ruoli organizzativi e logistici. In questo modo gli addestratori selezionano anche i futuri terroristi suicidi a cui affidare gli attentati. Tra di loro, vi sono anche i dirottatori dell'11 settembre.

L'ideologia di al-Qaeda sotto i riflettori

Tra il 1996 e il 1998, mentre si trova in Afghanistan protetto dai Talebani, Osama Bin Laden comincia ad avvertire la necessità di diffondere il proprio messaggio di odio verso l'Occidente e verso l'Arabia Saudita, affinché esso sia conosciuto dai musulmani di tutto il mondo. Al-Qaeda è in rapida espansione e sta passando da una scala regionale a una globale: presto il nome dell'organizzazione, insieme a quello del leader, conquisterà le prime pagine di tutte le principali testate giornalistiche europee e americane. Dopo il periodo "sabbatico" del Sudan, Osama Bin Laden capisce che è questo il momento giusto per diffondere la propria ideologia di morte, attraendo nuovi volontari attraverso una campagna di azioni terroristiche contro l'Occidente.

Nel 1996 Osama pubblica la sua dichiarazione di *jihad* dal titolo *Cacciate gli ebrei e i cristiani dalla penisola arabica*[31]. *"Ognuno di voi sa quale ingiustizia, quale oppressione, quale aggressione subiscano i musulmani da parte dell'alleanza giudeo-crociata e dei suoi servi"* esordisce Bin Laden riferendosi a Israele, all'Occidente e all'Arabia Saudita, quest'ultima etichettata come serva dei primi due. Poi continua ad attaccare il suo Paese d'origine, definendo la presenza delle truppe americane come una vera e propria occupazione e come un'aggressione nei confronti dei musulmani: *"L'ultima calamità ad essersi abbattuta sui musulmani è l'occupazione del Paese dei due santuari [...] da parte degli eserciti dei cristiani americani e dei loro alleati [...]. Respingere questo nemico americano è, dopo la fede, il primo dei doveri."* Infine, invita i musulmani a *"provvisoriamente ignorare ciò che li divide"* perché *"si può respingere l'invasore solo con l'unione"*. È una vera e propria chiamata alla guerra, anche contro la casa regnante dell'Arabia Saudita, considerata da Bin Laden come traditrice della fede islamica. Bin Laden dà prova di tale odio anche nella sua intervista[32] con due reporter della CNN, Peter Arnett e Peter Bergen: *"Con la sua lealtà verso il regime americano, il regime saudita ha commesso un crimine contro l'Islam."* Alla domanda dei reporter *"Quali sono i suoi piani per l'avvenire?"*, Osama risponde minaccioso: *"Li vedrete e ne sentirete parlare dai media, se Dio vuole"*. Forse è una triste anticipazione degli attacchi alle ambasciate dell'anno successivo o, addirittura, degli eventi catastrofici dell'11 settembre.

Con la *Dichiarazione del fronte islamico mondiale per la Guerra Santa contro ebrei e crociati*[33] del 23 febbraio 1998, Bin Laden e gli altri firmatari, tra cui Ayman al-Zawahiri, manifestano apertamente la loro intenzione di convincere il mondo islamico a uccidere indiscriminatamente, ogniqualvolta che ne capiti la possibilità, i cittadini degli Stati Uniti, dell'Europa, di Israele e di tutti i governi arabi loro vicini: *"Perciò, conformemente all'ordine di Dio, rendiamo pubblico a tutti i musulmani il seguente responso. Uccidere gli americani e i loro alleati, siano essi civili o militari, è un dovere che si impone a ogni musulmano che ne sia in grado, in qualsiasi Paese in cui si troverà [...]. Chiamiamo, se Dio lo permette, ogni musulmano credente e desideroso di essere ricompensato da Lui a ottemperare all'ordine di Dio e ad uccidere gli americani e saccheggiare i loro beni, ovunque si trovino e in ogni momento"*.

Queste parole, dopo vent'anni, sono tutt'ora fonte di ispirazione per generazioni di terroristi che decidono di sacrificare la propria vita per massacrare persone innocenti in giro per il mondo. Ovviamente vi sono già stati, prima di questa dichiarazione, numerosi attentati ai civili, ma il fatto che questa particolare visione di *jihad* sia promossa da un personaggio ieratico come Osama Bin Laden ne rafforza l'autorità. Osama Bin Laden, Ayman al-Zawahiri e tutti i leader dei vari gruppi firmatari hanno sicuramente la loro parte di responsabilità per tutte le morti causate nei successivi attacchi: essi infatti estendono il concetto di nemico non solo a colui che "invade" il luogo sacro (per esempio un militare occidentale di stanza in un Paese arabo) ma anche al semplice civile che, ignaro di tutto, svolge la sua normale vita in patria, con la sola colpa di essere un "occidentale", giustificando anche ciò che in realtà nella tradizione islamica non è ammesso: l'uccisione di donne, bambini e vecchi.

Le ambasciate nel mirino

È il 7 agosto 1998 e sono passati esattamente otto anni da quando le prime truppe americane si sono insediate in Arabia Saudita. Nessuno, tra gli impiegati e il personale di sicurezza delle ambasciate americane a Nairobi e Dar es Salaam, sembra preoccuparsi di questa insignificante ricorrenza mentre si prepara ad affrontare l'ennesima giornata lavorativa. Al contrario, per Osama Bin Laden e al-Qaeda questo giorno ha una certa rilevanza[34].

Intorno alle 11 del mattino due furgoni carichi di esplosivo si dirigono verso le sedi delle ambasciate americane in Kenya e in Tanzania. I terroristi incontrano resistenza solo a Nairobi e pertanto, prima dell'innesco dell'autobomba, vengono impegnati in uno scontro a fuoco con le guardie. Cassandra Cooke sta scrivendo al computer, alla sua postazione nell'ambasciata americana in Kenya, quando la sua normale giornata lavorativa si trasforma presto in un inferno. *"Avevo appena salvato un documento quando udii degli spari [..], poi sentii il rumore di un'esplosione. Saltai in piedi e corsi giù per il corridoio. [...] Quella risposta istintiva mi salvò la vita: quando girai l'angolo del corridoio l'esplosione principale investì l'edificio. Centinaia di chili di acciaio e di cemento occupavano lo spazio dove mi trovavo seduta pochi secondi prima"*[35]. L'esplosione dei 900 chilogrammi di esplosivo ad alto potenziale uccide 213 persone, mentre più di 4000 vengono ferite. Il boato viene udito a chilometri di distanza e tutti gli edifici più piccoli nelle vicinanze vengono rasi al suolo. L'eroico respingimento dei terroristi da parte delle guardie del parcheggio consente alla struttura dell'ambasciata di riportare solo danni strutturali e di non crollare, salvando così la vita di decine di impiegati. Con l'esplosione, praticamente in contemporanea, dell'altra autobomba a Dar es Salaam il numero dei morti sale a 224, di cui la maggior parte cittadini locali.

Il Sottosegretario di Stato Thomas Pickering usa parole dure per rispondere all'attacco: *"Saremo resilienti e implacabili, l'indagine coinvolgerà tutte le forze che potremo mettere in campo"*[36]. L'FBI schiera più di 900 agenti che si occupano di raccogliere prove utili, identificare e individuare i mandanti e i responsabili dell'attentato, che è subito collegato ad al-Qaeda. Delle oltre venti persone accusate di aver preso parte al complotto, soltanto tre sono ancora in libertà (una di esse è Ayman al-Zawahiri), mentre le altre si trovano sotto custodia degli Stati Uniti o sono state uccise.

Con questi due attacchi al-Qaeda ottiene una doppia vittoria: da una parte colpisce l'America e i suoi cittadini, dall'altra promuove se stessa all'interno della galassia dell'estremismo islamico. Nessun grande attentato infatti, fino a questo momento, è stato direttamente collegato all'organizzazione di Bin Laden e il fatto di averne compiuto uno così eclatante fornisce ad al-Qaeda un pretesto per elevarsi a leader del *jihad* contro l'Occidente. Il gruppo acquista visibilità globale e cattura l'attenzione di tanti musulmani che aderiscono in massa alla guerra santa promossa da Bin Laden, arruolandosi nelle file di al-Qaeda. Come spiegato da Jason Burke in un suo articolo per il *Guardian*: *"[Al-Qaeda e Osama Bin Laden] sono diventati la destinazione preferita per i volontari e per le donazioni, oltre che il punto di riferimento per i gruppi, sparsi in tutto il mondo islamico, in cerca di assistenza per i loro progetti. [...] Inoltre, gli attentati dell'Est Africa hanno reso popolare una nuova concezione di conflitto non più limitata dai confini territoriali"* [37]. Per tutto l'Occidente comincia a delinearsi più chiaramente la portata e la gravità del fenomeno del terrorismo islamico. Il peggio deve però ancora accadere: per al-Qaeda e per Osama Bin Laden questi due attentati sono solo l'inizio di una lunga serie di stragi.

Attacco alla USS Cole

In una calda mattinata autunnale, il 12 ottobre del 2000, il porto di Aden, in Yemen, si prepara ad accogliere una nave della Marina degli Stati Uniti, in procinto di ormeggiare per rifornirsi di carburante. La USS Cole è un cacciatorpediniere lanciamissili della Classe Arleigh Burke, un mostro di acciaio di 153 metri di lunghezza, con una corazzatura di settanta tonnellate di kevlar, apparecchiature elettroniche di ultima generazione, tecnologia *stealth* e una potenza di fuoco tra le più alte nella categoria. L'equipaggio a bordo, tra ufficiali e marinai, si aggira intorno alle 300 persone. Nonostante le imponenti dimensioni della nave, grazie alla grande esperienza accumulata in anni di missioni in ogni parte del mondo, il comandante Kirk Lippold esegue tutte le procedure di attacco alla perfezione e verso le 9.30 la nave è già all'ancora, pronta a collegare i tubi alle cisterne del porto. Il mare è calmo, la visibilità è ottima e l'atmosfera a bordo è rilassata: tutto procede secondo i programmi.

Alle 11 circa, una piccola barca si avvicina al cacciatorpediniere lungo la fiancata che guarda il porto: a bordo vi sono due uomini, non appaiono minacciosi o nervosi ma, al contrario, amichevoli e sorridenti, tanto che sembrano due dipendenti del porto che aiutano nelle operazioni di approvvigionamento della nave. Ma la realtà è ben diversa dall'apparenza: i due operai sono due terroristi suicidi, Ibrahim al-Thawar e Hassan al-Khamri, in stretti legami con al-Qaeda. La piccola barca non trasporta i rifornimenti per la nave, ma una consistente quantità di esplosivo al plastico. Nessuno si accorge del pericolo e, se anche qualcuno notasse l'imbarcazione sospetta, gli sarebbe comunque impossibile fermarla. Le regole di ingaggio sono chiare: nessuno spara se non si trova sotto il fuoco nemico. Inoltre, lo stato di allerta della nave è basso e quindi le armi fisse sul ponte sono tutte scariche per ordine del comandante[38]. In questo modo i terroristi sfruttano le strette regole della Marina degli Stati Uniti per avvicinarsi il più possibile alla fiancata, prima di recitare un'ultima preghiera e far detonare l'esplosivo. L'onda d'urto apre uno squarcio nella lamiera esterna di 150 metri quadrati e 17 marinai a bordo della nave perdono la vita, mentre 39 risultano feriti. La USS Cole si inclina leggermente su un lato ma non affonda: in seguito verrà trasportata in patria e riparata. Gli Stati Uniti, in lutto, accolgono le bare, coperte dalle bandiere a stelle e strisce, delle vittime dell'attentato e si preparano a punire i responsabili. Osama Bin Laden, leggendo un poema su al-Jazeera (la rete televisiva araba con sede in Qatar), celebra l'impresa: *"E a Aden hanno caricato e distrutto un cacciatorpediniere [...] che evoca terrore quando è attraccato e quando naviga"*. Nello stesso filmato utilizza poi immagini di musulmani feriti e morti in vari paesi del mondo, additandone la responsabilità "all'alleanza giudeo-cristiana", per inneggiare alla guerra santa e invitare i fedeli di tutto il mondo ad arruolarsi in al-Qaeda.

Collaborando con il governo yemenita, la CIA arresta nel 2003 Abd al-Rahim al-Nashiri, il capo della cellula terroristica responsabile dell'attacco alla USS Cole, tutt'ora detenuto negli Stati Uniti: altri responsabili vengono giudicati e imprigionati nello Yemen. In un primo momento al-Nashiri confessa agli agenti della CIA il suo ruolo nell'organizzazione dell'attentato ma anni dopo, davanti al tribunale, sostiene che la confessione gli è stata estorta sotto tortura, dopo essere stato sottoposto al *waterboarding* [39]. I suoi legali sostengono che *"torturando il signor al-Nashiri e sottoponendolo a trattamenti crudeli, inumani e degradanti, gli Stati Uniti hanno perso il diritto di giudicarlo e certamente di decretarne la condanna a morte. Attraverso l'inflizione di abusi fisici e psicologici, il governo ha praticamente ucciso l'uomo che ha sequestrato quasi dieci anni fa"* [40]. È difficile capire da che parte stia la verità ma, se da una parte è molto probabile che al-Nashiri abbia davvero avuto un ruolo attivo nell'organizzazione dell'attentato, allo stesso tempo è verosimile che la CIA abbia usato tecniche di interrogatorio piuttosto "cruente" per estorcergli la confessione.

Abu Musab al-Zarqawi

Proprio sul finire degli anni Novanta, Abu Musab al-Zarqawi, un giovane criminale giordano che ha partecipato alla resistenza in Afghanistan contro l'invasione sovietica, esce di prigione, dove era finito dopo essere rientrato in Giordania. Al-Zarqawi, che alcuni hanno definito come un vero e proprio "macellaio", è un personaggio fondamentale per la storia del terrorismo islamico perché dalla sua milizia privata nascerà, nel 2004, la cellula di al-Qaeda in Iraq, cioè il predecessore dell'ISIS. Nato in Giordania nel 1966, al-Zarqawi cresce in un ambiente estremamente violento, tra rapine, furti e abusi sessuali che lui stesso commette, vivendo un'infanzia completamente diversa da quelle di Bin Laden e al-Zawahiri. La sua natura violenta spiega il motivo per cui, quando nasce al-Qaeda, non gli viene attribuito alcun ruolo direttivo all'interno dell'organizzazione.

Nel 1999 il re Abdullah II di Giordania proclama un'amnistia generale, in seguito alla sua ascesa al trono, e al-Zarqawi, una volta libero, si affretta a ritornare in Afghanistan, dove incontra Osama Bin Laden. Le aspirazioni di al-Zarqawi sono quelle di gestire un proprio campo di addestramento in cui formare un piccolo esercito al suo servizio. Ma i due, in un primo momento, non sembrano avere visioni concordanti: l'estremismo ideologico di al-Zarqawi si scontra con il pragmatismo di Bin Laden che, tra i suoi obiettivi, conta anche di guadagnarsi i favori della Giordania, Paese che invece al-Zarqawi odia, dopo avervi passato buona parte della sua vita in carcere. Il *jihadista* giordano critica poi aspramente l'alleanza di al-Qaeda con i Talebani e la relativa tolleranza dell'organizzazione verso i musulmani sciiti.

Fortunatamente per al-Zarqawi, interviene però un influente capo della sicurezza di al-Qaeda che convince Bin Laden ad affidare al giovane giordano cinquemila dollari e supporto logistico. Con questo denaro al-Zarqawi fonda un suo campo di addestramento, dove confluiscono combattenti da tutto il Medio Oriente che andranno a formare le file della sua milizia personale: "al-Tawhid wal-Jihad". Se l'ideologia nei campi di al-

Qaeda è fondamentalista e violenta, in quello di al-Zar-qawi la crudeltà, l'odio, la spietatezza e l'integralismo non conoscono pari. La violenza diventa uno strumento di potere attraverso cui appagare i desideri più brutali e sadici dei terroristi, e di al-Zarqawi *in primis*. In questi anni, nel suo campo di addestramento, si stanno co-struendo le fondamenta del sistema ideologico e mili-tare dell'ISIS, che nascerà più di dieci anni dopo.

Nel sud dell'Asia

Un collegamento quasi automatico ci porta ad associare il fondamentalismo islamico al Medio Oriente, ai Paesi arabi e al mondo occidentale ma esso, in tutte le sue manifestazioni, è un fenomeno presente anche in altre regioni tra cui, in particolare, l'India, l'Indonesia e le Filippine.

Il 20 marzo 2000 alcuni uomini con le divise dell'esercito indiano fanno irruzione in un villaggio di una comunità religiosa *sikh* nella regione del Kashmir, catturando 37 persone che vengono costrette ad alli-nearsi e inginocchiarsi davanti a uno dei loro templi sa-cri. Tra tutti loro, uno soltanto sopravvive[41] all'esecu-zione che avviene con estrema efficienza: i terroristi spa-rano prima nel mucchio e successivamente passano a dare il colpo di grazia ai sopravvissuti. Il governo in-diano riconosce come responsabile Lashkar-e-Taiba, un gruppo terroristico islamico con base nel confinante Pa-kistan che, nel decennio successivo, firmerà le peggiori stragi nelle regioni nord dell'India.

Lo stesso anno in Indonesia, durante la Vigilia di Natale, ha luogo una lunga serie di attacchi esplosivi, questa volta diretti contro le comunità cristiane. In breve tempo, una decina di bombe precedentemente piazzate esplodono in diverse chiese, in alcune delle quali i fedeli sono in procinto di recitare la messa, uccidendo in totale 18 persone e ferendone più di 100. Bombe inesplose vengono rinvenute dalle autorità in pacchi natalizi spediti ad alcuni preti della città di Medan: nel Paese cresce la preoccupazione che gli scontri di natura religiosa possano aumentare fino a esplodere in una vera e propria guerra civile. Gli attacchi sono collegati a Jemaah Islamiyah, un'organizzazione jihadista che mira a fondare un califfato nella regione e che, secondo diverse fonti, è in stretti legami con al-Qaeda.

Un terzo attentato avviene l'anno successivo nelle Filippine, in un paese prevalentemente cristiano nella provincia di Basilan, dove un gruppo di estremisti islamici, alle prime luci dell'alba, prende in ostaggio diversi abitanti, comprese donne e bambini, condotti in fila indiana, con le armi puntate dietro la schiena, lontano dalle abitazioni. Alcuni ostaggi riescono a scappare, sfruttando la semi-oscurità, mentre altri meno fortunati vengono scelti casualmente e condotti poco distante dal gruppo per essere giustiziati e decapitati a colpi di *machete*. Nella settimana successiva undici corpi privi di vita vengono ritrovati nei pressi del villaggio.

Questi tre episodi fanno parte di una lunga scia di violenze da parte di gruppi jihadisti nel sud e nel sudest asiatico che, purtroppo, deve ancora terminare. Nell'ultimo ventennio, in questi Paesi, le vittime del terrorismo sono state migliaia, per la maggioranza imputabili ad azioni di fondamentalisti islamici. Ma l'esplosione di numerosi episodi di violenza in queste regioni è passata sostanzialmente inosservata agli occhi dell'opinione pubblica occidentale che, per rendersi pienamente conto del mostro che stava nascendo in tutto il mondo, doveva ancora assistere, paralizzata, al peggior attacco terroristico della storia degli Stati Uniti d'America: l'11 settembre 2001.

2

DALL'APOCALISSE ALLA GUERRA AL TERRORE

Sono passate poche ore da quando l'America è stata scossa dal peggiore attentato terroristico della sua storia e George W. Bush, presidente degli Stati Uniti, siede davanti a una telecamera per parlare alla propria Nazione: *"Oggi i nostri concittadini, il nostro stile di vita e la nostra stessa libertà sono stati attaccati in una serie di deliberati e mortali atti terroristici. Le vittime erano negli aeroplani o nei loro uffici: segretari, uomini e donne d'affari, militari e impiegati federali, mamme e papà, amici e vicini. Migliaia di vite sono state spezzate da atti di terrore malvagi e spregevoli."*

Una commissione ufficiale[42] ha ricostruito gli eventi di quel giorno.

American Airlines 11

Di prima mattina, l'11 settembre 2001, cinque terroristi (Abdul Aziz al-Omari, Wail e Waleed al-Shehri, Satam al-Suqami e Mohamed Atta, capo delle operazioni) si trovano all'aeroporto Internazionale Generale Edward Lawrence Logan di Boston e si preparano ad affrontare i controlli di sicurezza in vista del loro imbarco sul volo

American Airlines 11, diretto all'aeroporto Internazionale di Los Angeles. Mentre cammina lungo il terminal affollato da viaggiatori ancora assonnati, Mohamed Atta recita alcune preghiere ad Allah, sperando che la loro missione abbia successo, così che il volo American Airlines 11 non arrivi mai a Los Angeles. Per il gruppo terroristico i timori più forti consistono nei metal detector e nei raggi X poiché se, i loro coltelli venissero individuati, la missione fallirebbe ancor prima di iniziare. Ma ai controlli di sicurezza tutto fila liscio per loro e alle 8 in punto i cinque terroristi si trovano seduti ai loro posti all'interno del Boeing 767 sul quale, oltre a loro, vi sono 76 viaggiatori e 9 membri dell'equipaggio. Quando Mohamed Atta muove lentamente la testa a destra e a sinistra per rilassare i muscoli del collo e delle spalle, nota dietro di sé un uomo dall'aspetto severo che lo fissa con aria equivoca: forse, pensa Atta, sospetta qualcosa. Ma non c'è tempo per speculazioni di questo tipo: i fratelli al-Shehri si sono appena alzati dai loro posti e si dirigono di buon passo verso la cabina di pilotaggio che, però, è chiusa a chiave. Avendo previsto questa eventualità, i fratelli accoltellano una delle due assistenti di volo, costringendo l'altra, sotto la minaccia delle armi, ad aprire la porta della cabina. Sull'aereo si scatena il caos. Appena si rende conto di ciò che sta accadendo, il passeggero dall'aria sospettosa, Daniel Lewin, ex soldato dell'esercito israeliano, cerca di fermare Mohamed Atta che è seduto davanti a lui ma viene immediatamente sgozzato con un taglierino dal quarto terrorista seduto alle sue spalle. Il suo sangue, insieme a quello delle due assistenti pugnalate, scorre sul pavimento, mescolandosi alle lacrime di terrore dei passeggeri, e lungo il corridoio dell'aereo, dove i terroristi spruzzano gas irritante per spingere tutti verso il fondo. Mentre Atta, l'unico in grado di pilotare, corre in cabina per prendere il controllo del velivolo e deviarlo verso New York, Betty Ong, un'altra assistente di volo, corre verso il fondo dell'aereo e si mette immediatamente in contatto con l'American Airlines. Durante la chiamata, che dura circa trenta minuti (il tempo che l'aereo impiega per raggiungere Manhattan) la hostess fornisce informazioni al comando di terra che deve ancora rendersi pienamente conto di ciò che sta accadendo e che sta freneticamente organizzando una reazione. Ma è troppo tardi: alle 8.46 il Boeing 767 si schianta contro la Torre Nord del World Trade Center.

United Airlines 175 e American Airlines 77

Contemporaneamente allo schianto del primo velivolo, altri cinque terroristi (Fayez Banihammad, Mohand al-Shehri, Marwan al-Shehhi e Ahmed e Hamza al-Ghamdi) si preparano anch'essi a dirottare l'aereo su cui si trovano: il volo United Airlines 175, partito da Boston con il suo carico di 56 passeggeri e 7 membri dell'equipaggio. Anche qui si ripete la stessa scena: i terroristi usano coltelli, gas urticante e false bombe per guadagnarsi l'accesso in cabina, terrorizzare i passeggeri e renderli incapaci di reagire. I due piloti vengono pugnalati e uccisi: dopo essersi passato la mano sul viso per pulirsi dal sangue, Marwan al-Shehhi si siede al loro posto e impugna saldamente il timone, determinato a portare a termine la sua missione. Con i terroristi assetati di sangue in testa all'aereo e i passeggeri terrorizzati riuniti in fondo al corridoio, il velivolo continua il suo folle volo verso la seconda Torre del World Trade Center. È difficile immaginare la paura, l'angoscia e il dolore provati da tutti coloro che, impotenti, si rendono conto che, con ogni probabilità, non faranno mai più ritorno a casa, non baceranno più le loro mogli o mariti, né abbracceranno ancora i loro figli. Peter Hanson, un passeggero che si trova sul volo dirottato insieme alla moglie e alla figlia di appena due anni e mezzo (la più giovane vittima dell'attentato), è stipato con tutti gli altri nel fondo dell'aereo e decide di parlare, per l'ultima volta, con suo padre: *"Credo che vogliano provare a schiantarsi con questo aereo in un edificio. Non ti preoccupare papà, se accadrà sarà veloce. O mio Dio, o mio Dio, o mio Dio"* [43]. Un'istante dopo, il padre di Peter Hanson, insieme ad altri milioni di americani, assiste in diretta televisiva allo schianto del volo United Airlines 175 contro la Torre Sud del World Trade Center. Sono le 9.03, diciassette minuti dopo l'attacco alla Torre Nord.

Quindici minuti prima dello schianto del secondo aeroplano, Hani Hanjour siede nel suo posto in prima classe sul volo American Airlines 77, partito da Washington, e, dopo aver preso con mano tremante il bicchiere d'acqua che la hostess offre gentilmente, si guarda attorno nervoso. Il sudore gelido gli riga il viso, il cuore gli batte all'impazzata e il suo sguardo impaurito si incrocia con quello degli altri passeggeri che, probabilmente, vedono in lui solo un giovane spaventato dal rollio. Se solo sapessero quante volte, prima di trovarsi su quel volo, Hani Hanjour aveva pilotato un aereo, sicuramente i loro sguardi sarebbero diversi, più diffidenti forse. Come concordato, cinque minuti prima delle nove, senza dire una parola, gli altri quattro terroristi (Nawaf al-Hazmi, Salem al-Hazmi, Khalid al-Midhar e Majed Moqed) si alzano in piedi e, tra gli sguardi increduli degli altri passeggeri, sfilano dei *cutter* dai loro bagagli a mano ed entrano nella cabina di pilotaggio. Il panico si scatena sul velivolo e le urla dei passeggeri terrorizzati sovrastano quelle dei dirottatori, che intimano a tutti di raggiungere il fondo dell'aereo: rendendosi conto di ciò che sta accadendo, i passeggeri effettuano le loro ultime chiamate a familiari e amici. Hani Hanjour corre nella cabina di pilotaggio già sgombrata, toglie il pilota automatico e, con una brusca virata, dirige il volo alla massima velocità verso New York. Alle 9.37 l'American Airlines 77 colpisce il Pentagono, la sede del quartier generale del Dipartimento della Difesa degli Stati Uniti d'America. Nell'impatto perdono la vita 6 membri dell'equipaggio, 54 passeggeri e 125 lavoratori militari e civili al Pentagono.

United Airlines 93

Alle 9.24 il capitano Jason Dahl del volo United Airlines 93, partito dal Newark Liberty International Airport, situato ventiquattro chilometri a sud-ovest di Manhattan, con 25 minuti di ritardo, riceve un messaggio dalla sua compagnia aerea, allarmata dai due dirottamenti sulle

Torri Gemelle: *"Prestare attenzione a tentativi di intrusione nella cabina di pilotaggio. Due velivoli hanno colpito il World Trade Center"* [44]. Il capitano ha appena il tempo di confermare la ricezione del messaggio che le grida di un'assistente di volo si alzano alle sue spalle. Scambiandosi un semplice sguardo, il pilota e il copilota si dividono i compiti: mentre il primo rimane al proprio posto e lancia il *mayday* al controllo aereo di terra, il secondo si alza per tentare di barricare l'entrata. Ma, appena è in piedi, la porta si apre con violenza colpendo il copilota, mentre il capitano cerca di reagire. Inutilmente. Infatti, dopo un breve scontro, i due sono sopraffatti e Ziad Jarrah, l'unico dirottatore in grado di pilotare, si siede in cabina e fa un annuncio ai passeggeri: *"Signore e signori, è il capitano che vi parla. Per favore sedetevi e rimanete seduti. Abbiamo a bordo una bomba, quindi restate seduti"* [45]. Ma il messaggio, invece di essere udito dalle persone a bordo, viene inavvertitamente trasmesso al comando aereo di terra. Mentre sul pavimento della cabina giacciono i corpi dei due piloti e di un'assistente di volo, i passeggeri si mettono in contatto con amici e familiari e da loro apprendono dei voli dirottati sul World Trade Center. La decisione, sullo United 93, è quella di ribellarsi ai terroristi e tentare di riprendere il controllo dell'aereo per salvarsi la vita. La lotta dei passeggeri contro i dirottatori avviene nel caos più totale. Appena si accorge della rivolta in corso, Ziad Jarrah effettua brusche manovre allo scopo di sbilanciare tutti coloro che si trovano in piedi. Passeggeri, terroristi, cadaveri, borse, piatti, bicchieri, che si trovano nel corridoio, vengono sbattuti violentemente contro le pareti interne e i seggiolini dell'aereo. Ma la rivolta non si ferma: animati da un forte spirito di sopravvivenza, i passeggeri, seppur disarmati, riescono ad avere la meglio sui due dirottatori che difendono la cabina di pilotaggio dove sono barricati Ziad Jarrah e un quarto terrorista. È ormai chiaro che la missione del gruppo terroristico è fallita e che l'aereo non arriverà mai a Washington a schiantarsi contro la Casa Bianca o il Campidoglio: sentendosi perduto, Ziad Jarrah decide comunque portare con sé anche tutti i passeggeri dell'aereo e, urlando, punta il timone verso il basso spingendo al massimo l'accelerazione. Alle 10.03 il volo United Airlines 93, nonostante l'eroica ribellione dei passeggeri, precipita in un campo in Pennsylvania a più di novecento chilometri orari. Quattro terroristi (Ziad Jarrah, Saeed al-Ghamdi, Ahmad al-Haznawi e Ahmed al-Nami), 33 passeggeri e 7 membri dell'equipaggio hanno perso la vita nei combattimenti o nello schianto.

L'inferno nelle Torri

Quando il primo aereo si schianta contro la Torre Nord del World Trade Center, tra il novantatreesimo e il novantanovesimo piano, un fumo denso e scuro pervade immediatamente tutto il grattacielo. Tutti coloro che si trovano nei piani superiori sono impossibilitati a lasciare l'edificio poiché le scale sono impraticabili: centinaia di persone sono già morte nell'impatto ma altre centinaia condividono una sorte ancora peggiore. Con le fiamme e il calore che si espandono in tutto l'edificio la scelta obbligata è: bruciare vivi o lanciarsi nel vuoto? Molti, tra gli impiegati intrappolati nei piani superiori, cercano di raggiungere il tetto della Torre nella vana speranza di essere salvati da un elicottero ma, arrivati in cima, scoprono che tutte le porte sono sbarrate. Il New York City Fire Department (NYFD), l'equivalente dei nostri Vigili del Fuoco e Protezione Civile, è al corrente della tragedia appena pochi secondi dopo lo schianto ma, appena i primi soccorsi arrivano sul luogo, tutti si rendono conto che domare le fiamme sarà pressoché impossibile. Immediatamente viene deciso che la loro missione sarà prevalentemente di salvataggio. In pochi minuti si attiva il piano di soccorso più imponente della storia di New York, che dovrà raddoppiare i suoi sforzi quando, un quarto d'ora dopo, anche la Torre Sud viene colpita.

Al contrario di ciò che accadrà nella Torre Sud, dopo lo schianto del secondo aereo che avviene tra il settantasettesimo e l'ottantacinquesimo piano, nella Torre Nord una scala rimane comunque praticabile e ciò consente ad alcune persone di evacuare dall'edificio, nonostante il fumo, le fiamme e la mancanza di ossigeno dovuta dall'esplosione rendano tutto estremamente complicato. Numerosi operatori del 911 (il numero di emergenza negli Stati Uniti) assistono impotenti le persone intrappolate nelle Torri, durante gli ultimi minuti delle loro vite. È ciò che accade tra Melissa Doi, che si trova nella Torre Sud dopo lo schianto, e una centralinista che tenta di confortarla: *"Possono mandare su qualcuno? - Certo signora, arriviamo. – Non c'è ancora nessuno e il pavimento è in fiamme. Siamo a terra e non riusciamo a respirare. – Resti in linea. – Morirò, vero? - No, no, no! – Morirò... – Signora... – Morirò, lo so. – Stia calma, stia calma. – Ti prego, Dio. – È bravissima signora. Brava, continui così. – Fa caldo, sto bruciando. – Stia tranquilla, stanno venendo a prenderla. Mi sente? O mio Dio"*[46]. Alle 9.58 la Torre Sud collassa e crolla e, mezz'ora dopo, anche la Torre Nord segue la stessa sorte.

L'11 settembre 2001, nel peggiore attacco terroristico della storia degli Stati Uniti d'America, perdono la vita 2977 persone provenienti da più di novanta Paesi diversi, circa 400 delle quali facevano parte del personale di soccorso. Tutti i loro nomi sono scritti sul Memoriale costruito, a perenne ricordo di tutte le vittime innocenti della strage, nel luogo dove un tempo si ergevano le Twin Towers.

Altri attacchi

In nome del *jihad*, molti estremisti iniziano a emulare gli attacchi di al-Qaeda. La psicosi si diffonde ovunque e Osama Bin Laden ha raggiunto il suo obiettivo: destabilizzare i Paesi occidentali e i Paesi arabi alleati con l'Occidente, diffondendo sull'intero pianeta il messaggio del fondamentalismo. Il 23 dicembre 2001 un altro attentato terroristico ha come obiettivo un volo di linea. Richard Reid, un cittadino inglese attualmente in prigione negli Stati Uniti e soprannominato dai giornali come *shoebomber,* tenta di far detonare l'esplosivo, nascosto nelle sue scarpe, durante un volo intercontinentale da Parigi a Miami con circa 200 passeggeri a bordo.

Il terrorista viene notato mentre accende un fiammifero da due assistenti di volo che, immediatamente, tentano di fermarlo: loro vengono subito morse e malmenate dal terrorista, ma l'intervento degli altri passeggeri, che hanno la meglio sull'uomo, e di un medico a bordo, che gli inietta un sedativo, scongiura una tragedia. In seguito, alcuni studi sull'esplosivo hanno dimostrato che, con ogni probabilità, la miccia era comunque troppo bagnata dal sudore dell'uomo per poter essere innescata. L'attentato è quindi fallito ma, da quel giorno, ai passeggeri in fase di imbarco sui voli verrà sempre più spesso domandato di togliersi le scarpe per passarle ai raggi X.

Un mese dopo il fallito attacco dello *shoebomber*, un altro crudele atto terroristico ricorda all'Europa e agli Stati Uniti che la minaccia è altissima anche all'infuori delle proprie Nazioni. In Pakistan viene rapito il reporter americano Daniel Pearl, di origine ebraica, che si trova nel Paese per indagare sui rapporti tra l'intelligence pakistana e i gruppi islamici fondamentalisti. I rapitori, un gruppo che si identifica come "Movimento Nazionale per la Restaurazione della Sovranità Pakistana", affermano pochi giorni dopo: *"Sfortunatamente [Daniel Pearl] è attualmente trattenuto in circostanze disumane del tutto simili al modo in cui i pakistani e i cittadini di altri paesi sovrani sono detenuti a Cuba dall'esercito americano"* [47]. Nonostante l'appello della moglie, che in una lettera ai rapitori scrive *"Danny è innocente [...]. Abbiamo appreso due giorni prima della sua scomparsa che avremmo dato al mondo un bambino"* [48], il giornalista viene giustiziato e il suo corpo, fatto a pezzi, viene ritrovato in un'area impervia del Pakistan. Nel video che riprende la sua esecuzione, Daniel Pearl viene costretto a recitare un'accusa contro il governo degli Stati Uniti e le sue politiche, prima di essere pugnalato e decapitato. Dalle indagini emergono alcune piste che collegano l'attentato ad al-Qaeda[49] e, secondo alcune ipotesi, addirittura ai servizi segreti pakistani, che avrebbero ordinato la morte del giornalista dopo la sua scoperta dei loro legami con i terroristi[50].

In Afghanistan: l'operazione "Enduring Freedom"

Gli Stati Uniti individuano al-Qaeda come responsabile degli attacchi dell'11 settembre 2001. Ma al-Qaeda non è uno Stato e dunque l'operazione militare di risposta agli attacchi terroristici deve seguire una pluralità di piste, in primo luogo quella di distruggere la sua rete organizzativa che ha sede in Afghanistan. Sotto l'amministrazione Bush, gli Stati Uniti chiedono ufficialmente al Mullah Mohammed Omar, leader dei Talebani, di *"consegnare alle autorità statunitensi tutti i leader di al-Qaeda che si nascondono [nel Paese]"* [51]. Il rifiuto è seguito dalla guerra: la *war on terror*, che costituisce la risposta degli Stati Uniti agli attacchi dell'11 settembre.

Le ostilità vere e proprie si aprono il 7 ottobre 2001, con il bombardamento da parte di aerei da combattimento inglesi e statunitensi di alcuni obiettivi strategici per i Talebani. Ma, già due settimane prima, un gruppo speciale della CIA noto come Jawbreaker si era infiltrato nel paese per raggiungere alcune milizie, sotto il comando di signori della guerra locali, e fornire loro supporto tattico e strategico. Saranno queste milizie, ostili ai Talebani e conosciute come Alleanza del Nord, a condurre la prima parte della guerra.

Già dalla fine di ottobre l'Alleanza del Nord, supportata dalla CIA e da uomini delle forze speciali, comincia a ottenere i primi successi. Il 13 novembre i Talebani si ritirano da Kabul e il 6 dicembre cade anche Kandahar. Hamid Karzai, membro dell'Alleanza del Nord, viene scelto per guidare il paese durante la fase di transizione. Sempre in dicembre ha luogo una delle più importanti battaglie del conflitto, che vede contrapposti da una parte gli uomini ancora fedeli a Mohammed Omar e dall'altra i combattenti dell'Alleanza del Nord e gli uomini delle forze speciali statunitensi (la Delta Force) e inglesi. È la battaglia di Tora Bora, un complesso di cave al confine con il Pakistan. Ayman al-Zawahiri e Osama Bin Laden, nascosti nelle grotte, stanno per cadere nella rete. Ma qualcosa va storto. La concessione di una tregua e la scarsa preparazione delle forze locali (oltre a una probabile corruzione di parte di esse) consentono al leader di al-Qaeda e al suo vice di rifugiarsi nelle aree tribali del Nord del Pakistan, insieme a buona parte dei loro uomini. È qui che, negli anni successivi, continueranno la loro battaglia, cercando di far rinascere l'organizzazione dalle ceneri.

Alla battaglia che segna la definitiva sconfitta dei Talebani (Operazione Anaconda), avvenuta a marzo nella provincia di Paktia, partecipano anche Australia, Canada, Danimarca, Francia, Germania e Norvegia. Con l'inizio del 2002, l'operazione Enduring Freedom condotta da Regno Unito e Stati Uniti, viene sostituita con la missione ISAF, a guida Nato sotto mandato delle Nazioni Unite. A ISAF partecipano quasi sessantamila uomini di una quarantina di paesi diversi (tra cui l'Italia). Le truppe della coalizione vengono dispiegate in tutto il Paese, per garantire la sicurezza e per addestrare il nuovo esercito afghano, e si avvia una lenta, parziale e difficoltosa transizione verso un regime democratico, i cui esiti sono tutt'ora incerti. I Talebani sopravvissuti, rifugiati in Pakistan o nelle montagne, per diversi anni continueranno a effettuare attentati terroristici in tutto il Paese, prendendo spesso di mira i soldati dei paesi Occidentali e le forze di sicurezza del nuovo governo afghano.

Seppur uno degli obiettivi principali dell'invasione dell'Afghanistan e dell'abbattimento del regime dei Talebani, cioè la cattura di Osama Bin Laden, non sia stato raggiunto, alcuni risultati sono stati comunque ottenuti: in primo luogo, quello di togliere al gruppo quello che gli americani definiscono *safe haven,* un porto sicuro da cui i terroristi avrebbero potuto progettare e lanciare altri attacchi. L'invasione dell'Afghanistan determina dunque un netto cambiamento nella struttura di al-Qaeda che, da organizzazione fortemente centralizzata, si avvia verso un processo di decentralizzazione che, come vedremo in seguito, porterà alla nascita di numerosi affiliati in molti Paesi a maggioranza islamica.

L'attacco in Indonesia

La decentralizzazione del gruppo mostra subito i suoi effetti. Il 16 ottobre 2002 il generale Pastika, mentre sta parlando a un seminario internazionale, viene interrotto da una chiamata urgente da parte del capo della polizia indonesiana: *"Ora sei a capo delle investigazioni su Bali. Ho già parlato con i giornalisti. Devi andare a Bali il prima possibile"* [52]. Mentre si reca nella città, il generale legge attentamente il dossier sull'attentato avvenuto in Indonesia quattro giorni prima, frutto probabilmente di una cooperazione tra Jemaah Islamiyah e al-Qaeda: la ricostruzione degli eventi effettuata dalla polizia è disarmante.

Il 12 ottobre 2002, verso le 11 di sera, Ali Imron guida il suo furgoncino Mitsubishi L3000 verso un quartiere popolato da locali notturni nel villaggio di Kuta, in Indonesia. Dentro il furgoncino, le risate e gli schiamazzi dei giovani in strada, per la maggior parte australiani, sono coperte dalle ultime preghiere che gli altri due occupanti del veicolo, sui seggiolini posteriori, stanno recitando con voce roca. Alzando lo sguardo sullo specchietto retrovisore, Ali Imron vede il terrore nei loro occhi: nonostante si siano preparati per mesi al *jihad*, nessuno può prevedere la loro reazione davanti alla morte così prossima. Ali ferma la macchina, uno dei due uomini indossa un giubbotto esplosivo e, senza dire una parola e senza guardare negli occhi i propri compagni, esce dal veicolo. Mentre si dirige con passo svelto verso il Paddy's Pub si gira un'ultima volta per vedere la Mitsubishi che si è già rimessa in moto, poi si asciuga le lacrime ed entra nel locale.

Parcheggiato il veicolo di fronte al Sari Club, Ali scende lasciando solo l'ultimo uomo al suo interno e, con un semplice cenno, saluta e si allontana il più in fretta possibile, senza dare nell'occhio. Alle 23.05 il terrorista suicida dentro il Paddy's Pub fa detonare il suo giubbotto, causando morti e feriti all'interno del salone. In preda al panico, tutti i clienti si riversano verso l'uscita e anche gli avventori del Sari Club, allarmati dall'esplosione, fanno lo stesso. Dentro il furgoncino, l'altro terrorista si rende conto che è il momento giusto per causare il maggior numero di vittime e accende la miccia del veicolo riempito di esplosivo che, detonando, uccide sul colpo decine di ragazzi. Una terza bomba esplode in prossimità del Consolato americano.

Il bilancio è drammatico: 202 morti, in maggior parte australiani, ma anche indonesiani, inglesi, americani e tedeschi. I feriti, con ustioni terribili e alcuni gravemente mutilati, sono altrettanti. Ali Imron viene catturato e processato, ma sfugge alla condanna a morte (viene condannato all'ergastolo), avendo mostrato pentimento davanti alla Corte e avendo collaborato con la polizia. Gli viene data anche la possibilità di pronunciare parole di ravvedimento: *"Chiedo scusa a tutti, specialmente alle vittime e alle loro famiglie e sono sicuro che si trattasse di un falso jihad. [...] Non sono contento che ci sia stato un attentato a Bali ma sono felice di essere uno degli attentatori pentiti e di avere compreso il nostro errore"*[53]. Se questa consapevolezza fosse giunta prima, forse oggi decine di famiglie non piangerebbero la morte dei propri figli.

L'invasione dell'Iraq

Se l'invasione dell'Afghanistan da parte degli Stati Uniti e della coalizione internazionale nel 2001 può essere realmente considerata – al netto di tutti i problemi etici e politici che sono implicati in un'operazione di questo genere – come una "guerra al terrorismo", cioè come un concreto tentativo di debellare al-Qaeda e il regime dei Talebani che ha dato spazio anche ad altre organizzazioni terroristiche islamiche, l'invasione dell'Iraq nel 2003 promossa dagli Stati Uniti (con l'appoggio di pochi altri Paesi quali Regno Unito, Polonia e Australia) senza legittimità internazionale ha, al contrario, accentuato in tutto il Medio Oriente una fortissima proliferazione del terrorismo. Ma procediamo per gradi, iniziando con il breve racconto dei fatti.

Il 20 marzo 2003, dopo una lunghissima serie di polemiche e tensioni che attraversano le cancellerie di tutto il mondo, gli Stati Uniti iniziano l'invasione dell'Iraq, incuranti anche dell'opposizione di movimenti, partiti e Stati occidentali. I bombardamenti sono programmati in grande scala per preparare l'invasione di terra, a cui partecipano anche le milizie curde e le truppe del Kuwait. Per motivare l'aggressione di fronte alla comunità internazionale, l'amministrazione Bush utilizza argomenti rivelatisi in seguito in gran parte falsi: Saddam Hussein avrebbe sviluppato un arsenale di armi di distruzione di massa (mai individuate) e fornito supporto ad al-Qaeda per i suoi attacchi contro l'Occidente. Saddam Hussein, sicuramente un feroce tiranno, non aveva in realtà alcun rapporto con il terrorismo islamico; era, anzi, un nemico del fondamentalismo in generale, e di Osama Bin Laden in particolare.

La totale supremazia aerea e la schiacciante superiorità tecnico-militare degli USA consentono una rapida vittoria sulle truppe irachene che, seppur numericamente superiori, in alcuni casi si arrendono senza nemmeno combattere. Ma, nonostante ciò, con il termine ufficiale della guerra, il primo maggio, una nuova e sanguinosa pagina si apre nella storia dell'Iraq e del Medio Oriente.

Mentre Saddam Hussein è ancora in fuga (verrà successivamente catturato, processato e impiccato), gli Stati Uniti – coperti legalmente dal nuovo governo provvisorio iracheno – sciolgono l'esercito e licenziano tutti gli aderenti al partito Baath (quello presieduto da Saddam Hussein, di orientamento 'laico', ma a base etnica sunnita). È l'inizio della fine. Nel Paese, ormai in preda all'anarchia politica e religiosa, nessuno controlla più il territorio e si formano bande di terroristi in reciproca contrapposizione. Ex militari iracheni, fondamentalisti sciiti, estremisti sunniti, curdi radicali, terroristi internazionali: la violenza divampa e tutti sono contro tutti. Stragi e massacri sono all'ordine del giorno in quasi tutte le zone del Paese, che viene diviso in tre zone d'influenza (curdi al Nord, sunniti al centro, sciiti al Sud). Le vendette private e collettive sono all'ordine del giorno: la lunga tirannia dei sunniti, in un Paese che conta una maggioranza di sciiti, ha lasciato una

profonda ferita, che lacera il tessuto sociale. Ormai
senza argini (di fatto, le istituzioni non esistono più),
questo desiderio di vendetta sfocia nella guerra civile.
A farne le spese è soprattutto la popolazione locale, che
attribuisce agli Stati Uniti la responsabilità di questa
guerra civile. Questo circolo vizioso non fa dunque che
ingrossare le fila delle organizzazioni terroristiche e il
numero degli attentati.

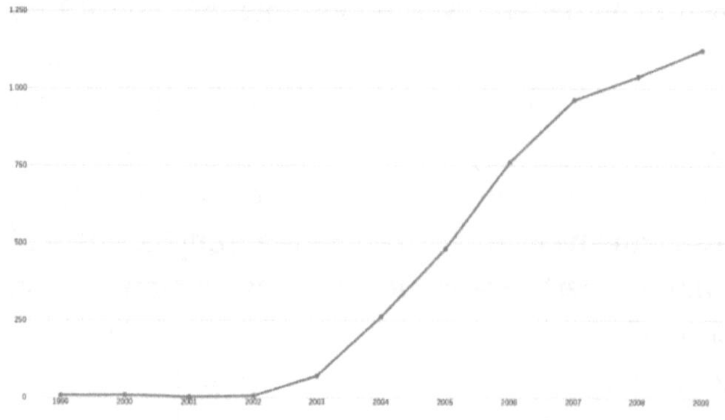

*Figura 1 - Andamento degli attentati terroristici in Iraq dal
1999 al 2009. Fonte: Global Database Terrorism*

L'invasione dell'Iraq, affiancata dalle drammatiche
conseguenze che sono sotto gli occhi di tutto il mondo,
genera un sentimento antiamericano che attraversa
tutto l'Islam. Manifestazioni e rivolte sono la regola in
tutti i Paesi islamici, anche quelli moderati come la
Giordania. Del resto, la mancata presenza, al contrario
di quanto accaduto nel 2001 per le operazioni in Afghanistan, di un ampio consenso internazionale (Francia,
Russia, Cina e Germania, tra le altre, erano fortemente

contrarie all'invasione dell'Iraq) fa sì che gli Stati Uniti vengano identificati da gran parte dei musulmani come crudeli aggressori dell'Islam e come attentatori alla libertà dei popoli. Al-Qaeda sfrutta ampiamente questa situazione per riproporre la sua teoria: Stati Uniti e Israele, insieme, mirano a distruggere il mondo arabo e l'Islam. Per suffragare questa teoria, al-Qaeda ha buon gioco nell'utilizzare le immagini di centinaia di civili uccisi ogni giorno: il reclutamento di molti estremisti, che si imbarcano in massa per raggiungere l'Iraq e combattere nella resistenza antiamericana (e contro gli sciiti), è facilissimo. La Lega Araba[54], quasi all'unanimità (manca solo il Kuwait), dichiara l'invasione dell'Iraq *"una violazione dello Statuto delle Nazioni Unite"* e *"una minaccia alla pace mondiale"*[55], suscitando l'indignazione globale nei confronti della palese illegittimità dell'azione: nel mondo arabo non sono pochi coloro che si sentono personalmente attaccati da quello che l'organizzazione di Bin Laden definisce come "imperialismo americano". A causa dell'altissimo numero di vittime civili, provocato da anni di conflitti post-bellici (il sito *Iraq Body Count*[56] indica, dal 2003 al 2019, dai 180.000 ai 210.000 non combattenti morti di morte violenta), e di alcuni scandali come quello della prigione di Abu Ghraib, teatro di torture perpetrate da soldati americani e testimoniate da fotografie, la politica americana ha ottenuto l'esatto contrario di quanto (ideologicamente e strumentalmente) dichiarato: il terrorismo, lungi dall'essere sconfitto con l'invasione dell'Iraq, è drammaticamente aumentato.

Sciiti, Sunniti e al-Qaeda in Iraq

Quella tra Sunniti (circa l'80% dei musulmani) e Sciiti (circa il 20%) è la divisione più rilevante all'interno del mondo islamico. Risalente agli albori dell'Islam da una disputa sul legittimo successore del Profeta Maometto dopo la sua morte, la scissione ha assunto, sul finire del Novecento, una natura prettamente politica ed è stata strumentalizzata da due delle maggiori potenze nel mondo arabo, l'Arabia Saudita (a maggioranza sunnita) e l'Iran (a maggioranza sciita), producendo numerosi focolai di guerra accesi in Medio Oriente negli ultimi decenni tra cui il Libano, lo Yemen e, appunto, l'Iraq. Qui, dopo l'invasione degli Stati Uniti, inizia una spaventosa guerra civile tra la minoranza sunnita, che deteneva il potere sotto il regime di Saddam Hussein e che si vede privare dei propri privilegi, e la maggioranza sciita, desiderosa di vendicarsi per le ingiustizie degli anni passati.

Il terrorismo sunnita in Iraq è rappresentato a pieno titolo da Abu Musab al-Zarqawi (una delle principali figure di al-Qaeda, di cui si è parlato nel primo capitolo) che, giunto nel Paese con i suoi uomini, avvia una spirale di violenza settaria contro gli sciiti al preciso scopo di promuovere una guerra civile: *"L'organizzazione di al-Qaeda in Mesopotamia ha deciso di annunciare una guerra totale agli sciiti in Iraq, ovunque si trovino, per rappresaglia, perché voi l'avete iniziata. Riguardatevi, poiché vi giuriamo che non avremo pietà"* [57]. In quest'ottica rientra l'attacco del 29 agosto 2003, nella città di Najaf, alla moschea dell'Imam Ali, il terzo luogo santo dell'Islam per gli sciiti, dove un veicolo riempito di esplosivo uccide più di 80 civili in preghiera e il carismatico Ayatollah Mohammad Baqer al-Hakim. Il 22 febbraio 2006 terroristi sunniti prendono di mira la moschea al-Askari, dove risiedono le tombe di due imam, considerati dagli sciiti tra i successori del Profeta. L'esplosione di due bombe non causa morti né feriti, ma danni considerevoli alla moschea, il cui lato Nord è ridotto in macerie.

L'episodio getta ulteriore benzina sul fuoco della violenza settaria. Nei giorni successivi, più di novanta moschee sunnite subiscono attacchi in tutto il paese. Nella stessa capitale Baghdad, l'esercito iracheno assiste impotente al lancio di razzi contro una di esse. È difficile quantificare in modo preciso le vittime di questa "guerra civile" a sfondo religioso. Una stima del 2006[58] indicava più di milletrecento morti, ma è probabile che il numero sia più che raddoppiato nei quattro anni successivi.

Al-Zarqawi, grazie ai suoi attentati terroristici, si guadagna in breve tempo la posizione di leader *de facto* del *jihad* in Iraq. Tutti i movimenti sunniti jihadisti fanno da questo momento riferimento a lui per ottenere addestramento, armamenti, protezione e intelligence nel Paese. Nasce così nel 2004 la cellula di al-Qaeda in Iraq, che ha soprattutto tre punti all'ordine del giorno, come sottolinea il report *Al-Qaeda in Iraq* di M.J. Kirdar[59]: contrastare la creazione di un governo stabile bersagliando i politici iracheni, impedire la ricostruzione dell'Iraq prendendo di mira le associazioni umanitarie e attaccare gli alleati degli americani per isolare gli Stati

Uniti sul piano internazionale. Di quest'ultimo punto subirà le conseguenze anche l'Italia.

L'attacco a Nassiriya

Novembre è uno dei pochi mesi dell'anno in cui le temperature di Nassiriya sono sopportabili anche da chi al caldo non è abituato. Con il termometro che oscilla tra i quindici e venticinque gradi, sembra quasi il posto perfetto per un piacevole soggiorno sulle rive del fiume Eufrate. Quasi. Per i militari italiani presenti in città nel 2003 la permanenza è destinata a essere tutt'altro che piacevole.

La mattina del 12 novembre, nella base "Maestrale", tutto procede come sempre. Dopo il consueto alzabandiera e una colazione frugale, gli uomini della MSU (Multinational Specialized Unit), un'unità dell'Arma dei Carabinieri, si preparano per le attività della giornata. C'è chi parte per un pattugliamento in città, chi si addestra, chi si allena e chi rimane in ufficio a gestire la valanga di fogli e pratiche burocratiche che quotidianamente investe la base. A qualche chilometro di distanza, quattro uomini parlano in arabo. Sono seduti sul cofano di un'automobile e sul paraurti anteriore di un'autobotte mentre controllano nervosamente gli orologi: alle 10.40 devono essere a destinazione.

E infatti, proprio a quell'ora, i militari di guardia alla base italiana vedono arrivare verso di loro, a folle velocità, un'enorme autocisterna e, appena dietro, un'automobile. La sorpresa dura poco e subito subentra l'istinto, acquisito dopo anni di addestramento, di imbracciare la propria arma e aprire il fuoco. Centinaia di pallottole investono il primo mezzo che però non accenna a fermarsi e travolge tutte le barriere di ingresso, consentendo anche all'auto di farsi strada verso l'edificio centrale. Dal finestrino dell'auto un terrorista apre il fuoco contro i militari che tentano di sbarrare la strada all'enorme carico di morte, inutilmente. I due veicoli esplodono a dieci metri dallo stabile che ospita i carabinieri: l'enorme deflagrazione (più di duecento chili di esplosivo), seguita da un'onda d'urto che svuota l'aria dai polmoni e getta gli uomini a metri di distanza, è tutto ciò che i sopravvissuti ricordano.

"Fummo sbalzati a terra, io non mi ritrovai più il fucile tra le mani: non sentivo niente, ma quello che più mi colpì fu la sensazione di essere immerso in un paesaggio lunare, con una luce innaturale e polvere, lamiere, vetri, infissi e calcinacci sparsi ovunque" [60] racconta Antonio Lombardo in un'intervista all'AGI. La polvere e il fumo dell'esplosione ricoprono la base, mentre si cerca di individuare i feriti più gravi che gridano in preda a dolori lancinanti. Tutto avviene in un silenzio surreale: i soccorsi, gli scavi, i tentativi disperati di rianimare i compagni morti e che nessuno riesce a lasciare andare. Una foto di un militare che, con una mano sopra il casco e l'altra sul fucile, guarda affranto il suolo ricoperto di detriti davanti a uno sfondo di macerie, di palazzine smembrate e di grovigli metallici rende pienamente l'idea della tragedia consumatasi a Nassiriya. La conta all'indomani è di 27 morti e 80 feriti. L'Italia perde 12 Carabinieri, 4 soldati dell'Esercito e 2 civili, tra cui un regista che si trovava lì per

documentare le attività della missione, mentre le altre vittime sono irachene. Qualche giorno dopo, nell'ospedale di Kuwait City, muore anche un quinto soldato per le ferite riportate.

Le polemiche che sorgono su una presunta mancanza di sicurezza nella base "Maestrale" che, secondo alcuni esperti, era troppo esposta a eventuali attacchi, non distolgono l'attenzione da coloro che sono i veri responsabili: i terroristi sunniti. Pur non essendo mai stato ufficialmente rivendicata, è facile pensare che anche Abu Musab al-Zarqawi sia coinvolto nella strage di Nassiriya: il metodo di azione, la scelta dell'obiettivo e il controllo completo dei movimenti jihadisti in Iraq suggeriscono infatti che egli sia stato almeno a conoscenza dell'attentato e vi abbia dato il suo benestare. Inoltre, è proprio lui, in questi anni, a promuovere il terrorismo attraverso azioni suicide che sconvolgono l'Iraq (e il mondo intero negli anni a venire): *"Non solo adotto l'idea che [le operazioni suicide] siano ammissibili, ma ritengo opportuno promuoverle come lodevoli"* [61].

L'Italia non sarà l'unica Nazione europea a fare spese della partecipazione alla guerra in Iraq. Anche la Spagna è destinata a "essere punita". Non in Medio Oriente, ma nella sua capitale. Nel cuore della Nazione.

3

L'EUROPA NEL MIRINO

I treni della morte: l'attacco a Madrid

La mattina dell'11 marzo 2004, Esteban Martín de Benito Caboblanco, un impiegato nel campo delle telecomunicazioni, si reca alla Estación de Santa Eugenia dove, di lì a poco, deve salire sul treno che lo condurrà al suo posto di lavoro. Sulla banchina, insieme a lui, aspettano altre decine di persone: studenti, pendolari, impiegati e operai senza uno stipendio abbastanza lauto per permettersi una macchina. Per la maggior parte di loro ormai Santa Eugenia fa parte della quotidianità e la piccola stazione, davanti alla quale si trova un piccolo ma colorato parco giochi e un campetto da basket in cemento, è un luogo rassicurante. Quel giorno, però, tutto sarebbe stato diverso. Sui treni in arrivo, dove i viaggiatori sperano ardentemente di trovare posti a sedere nonostante il solito affollamento, alcuni uomini hanno infatti abbandonato, pochi minuti prima, zaini e sacche sportive, per poi scendere alla prima fermata. Mentre aspetta il convoglio ferroviario, il signor Benito Caboblanco è ignaro, come il resto dei presenti, di quanto appena successo: come avrebbe potuto immaginarlo? La sua è una vita tranquilla e, per giunta, la Prima Comunione della figlia è talmente vicina, così come il suo quarantesimo compleanno, che non può altro che essere fiero e felice di ciò che sta costruendo nella sua vita. Il pensiero della morte non lo sfiora nemmeno un attimo mentre sale sul treno e prende posto su un seggiolino libero di fianco a una donna incinta.

"C'è stato un colpo spaventoso, un'esplosione. Ho visto quelle carrozze gonfiarsi come palloncini: poi si sono spalancate le porte e sono esplosi i vetri. Le schegge sono arrivate sin dov'ero io, a mitraglia. E poi è successa una cosa spaventosa: un corpo, sì, il corpo di un uomo è stato sparato fuori da quell'ammasso di ferraglia ed è volato per parecchi metri" [62] racconta un ferroviere testimone della tragedia a *La Stampa*. *"Mi dispiace, lo giuro, ma non mi viene in mente nessun altro paragone per raccontarle quello che ho visto: una macelleria. Ero dentro una macelleria: gambe, mani, teste"* [63]. Quel giorno Esteban Martín de Benito Caboblanco è una delle 191 persone che giacciono prive di vita nelle carcasse dei vagoni fumanti, sulle banchine sporche di sangue e di membra umane o addirittura sui tetti delle stazioni, scagliate lì dalla forza delle esplosioni. Benito Caboblanco non avrebbe mai festeggiato i suoi quarant'anni, né avrebbe presenziato alla Comunione della figlia: tutto il suo futuro è spazzato via e la sua dolorosa assenza è tutto ciò che resta di lui alla sua famiglia.

Nessuno a Madrid è preparato per ciò che è appena successo, nessuna delle centinaia di soccorritori che accorrono in aiuto dei quasi 2000 feriti avrebbe mai immaginato di trovarsi davanti a situazioni simili. Decine di giornalisti e testimoni usano espressioni come "zona di guerra" e "campi di battaglia" per descrivere cosa vedono i propri occhi. *"Ho visto molte cose esplodere nell'aria. Non lo so. È stato orribile. La gente ha iniziato a urlare e scappare, alcuni scontrandosi l'uno l'altro e, mentre correvamo, è avvenuta un'altra esplosione. Ho visto gente che perdeva sangue, gente a terra"* [64] riferisce Juani Fernandez ai giornalisti del *Guardian*.

In totale, tra le 7.37 e le 7.39, esplodono dieci dispositivi su quattro differenti treni, pieni di pendolari, della linea ferroviaria di Madrid. Quando le bombe deflagrano, mandando in pezzi i vagoni in cui sono collocate, tre dei quattro treni si trovano fermi in stazione: una tragica casualità o, molto più probabilmente, la fredda volontà da parte dei terroristi di far svolgere l'attentato sotto gli occhi di più testimoni possibili. Due ulteriori ordigni sono recuperati inesplosi in un vagone e alla banchina della stazione di El Pozo: gli artificieri si occupano della loro neutralizzazione. Con la città sotto shock, il traffico paralizzato e gli ospedali oberati di pazienti una semplice domanda comincia a sorgere nella mente degli spagnoli: chi è stato?

Técnicos Especialistas en Desactivación de Artefactos Explosivos

La notte dopo l'attentato dell'11 marzo, l'ufficiale del Cuerpo Nacional de Policía con identificazione 64501[65] si trova al quartier generale della polizia di Madrid. Come tutti, anche lui è a conoscenza dei fatti drammatici avvenuti la mattina e, mentre gira per la base a caccia di informazioni, spera di poter entrare, come molti altri artificieri, in azione. Non è sicuro però di volersi recare nei luoghi dell'attentato: i suoi compagni del T.E.D.A.X (i tecnici specialisti nella neutralizzazione degli esplosivi), che avevano lavorato lì la mattina per mettere in sicurezza gli ordigni inesplosi ed effettuare i primi rilevamenti, avevano infatti riferito di essersi trovati di fronte a scene apocalittiche.

Quando squilla il telefono, alle due di notte, l'ufficiale capisce subito di essere di fronte all'occasione che aspettava: al commissariato di polizia del distretto di Puente de Vallecas alcuni agenti hanno trovato una borsa contenente una bomba artigianale, in gergo tecnico un IED, un dispositivo esplosivo improvvisato ma potente, e il suo compito è quello di disinnescarla. Mentre si reca verso la stazione di polizia riceve l'ordine, dai propri superiori, di raccogliere il maggior numero possibile di informazioni sull'ordigno, nella speranza che queste possano portare ai colpevoli degli attentati della mattina. Una volta a destinazione, la decisione è quella di trasportare la sacca contenente lo IED nel vicino parco Azorín per far sì che, in caso di esplosione durante il disinnesco, il danno alle persone e agli edifici sia minimo. In caso di incidente l'ufficiale 64501, in quanto artificiere incaricato dell'operazione, morirebbe in ogni caso.

Nel disinnescare una bomba ogni movimento, anche il più banale come aprire la cerniera di una sacca, deve essere eseguito con la massima attenzione per captare ogni suono o indizio. L'ufficiale 64501 ha di fianco a sé un piccolo dispositivo in grado di bloccare la ricezione dei cellulari in modo che, nel caso in cui la bomba sia ad attivazione remota, i comandi non funzionino. Ma nessuno ha la certezza che l'ordigno sia di questo tipo. Molti IED sono infatti costruiti al preciso scopo di esplodere mentre vengono disinnescati e la bomba che l'artificiere si trova tra le mani al parco Azorín potrebbe far parte della categoria. Così, con il cuore che batte fuori controllo e una parte del cervello in preda al panico che supplica di andarsene, l'ufficiale T.E.D.A.X estrae tutto l'ordigno dalla borsa e inizia a esaminarlo. Due cavi fuoriescono dal detonatore, inserito nella miscela esplosiva, e si collegano al piccolo dispositivo di vibrazione di un telefono cellulare fissato sopra tutto il blocco. Molte bombe artigianali sono fabbricate in questo modo: la vibrazione del cellulare, che si può attivare attraverso una chiamata o impostando una sveglia, trasmette al detonatore l'energia elettrica necessaria per rendere incandescente una resistenza al suo interno, il cui compito è innescare una piccolissima quantità di esplosivo che la circonda (l'esplosivo primario), che a sua volta fa detonare l'esplosivo secondario. La detonazione dell'esplosivo secondario all'interno del detonatore permette infine di ottenere la temperatura e la pressione ottimale per innescare la carica principale (la bomba vera e propria) all'interno della quale si trova il detonatore stesso, in una specie di reazione a catena.

L'esplosivo principale pesa probabilmente una decina di chili e all'occhio esperto del poliziotto non sfugge che potrebbe trattarsi di Goma 2-Eco, una miscela usata nelle miniere spagnole. Ma il dettaglio più inquietante è un altro: i piccoli pezzi di ferro che si intravedono nel materiale, con decine di viti e chiodi minuziosamente infilati nell'esplosivo, in modo da tale da aumentare esponenzialmente il numero di morti e feriti dalla detonazione. Tutto sembra saldato e collegato a opera d'arte e, quindi, pronto a esplodere da un momento all'altro. Con la maestria acquisita in anni di addestramento, l'artificiere scollega i cavi dal telefono con estrema lentezza, per evitare che movimenti bruschi generino contatti o scariche elettriche che facciano esplodere la bomba. Poi si assicura che non ci siano altri inneschi, provvede a mettere in sicurezza il detonatore e dà il via libera agli esperti che, analizzando la bomba, riveleranno importanti informazioni ai fini delle indagini.

Una falsa pista

Le indagini frenetiche della polizia hanno luogo sotto la minaccia costante di nuovi attentati e, in un primo momento, nel mirino del governo finisce l'ETA (il gruppo terroristico basco). Ma, man mano che le ore passano, nuovi indizi vengono individuati ed emerge un'altra prospettiva: l'attentato potrebbe provenire da ambienti fondamentalisti islamici. Un furgone Renault abbandonato viene individuato a pochi metri dalla stazione da cui i treni attaccati erano partiti la mattina di quel tragico 11 marzo: al suo interno gli investigatori trovano nastri di registrazione con versetti del Corano, alcuni documenti in arabo e, cosa più importante, sette detonatori che si riveleranno dello stesso modello di quello della bomba disinnescata al parco Azorín.

I primi cinque arrestati, il 13 marzo, sono tre marocchini e due indiani. Il giorno successivo al-Qaeda rivendica l'attacco con un filmato in cui un uomo, che si dichiara *"portavoce militare di al-Qaeda in Europa"*, afferma: *"Dichiariamo che ciò che è avvenuto a Madrid, esattamente due anni e mezzo dopo gli attentati a New York e a Washington, è nostra responsabilità. È una risposta alla vostra collaborazione con il criminale Bush e i suoi alleati. Questa è la risposta ai crimini che avete commesso nel mondo e, in particolare, in Iraq e in Afghanistan. E ce ne saranno altre, se Dio vuole"*[66].

Le indagini procedono, così come gli arresti (principalmente di uomini provenienti dal Nord Africa), e, il 3 aprile, sette uomini, sapendo di essere circondati dalle forze speciali intenzionate ad arrestarli, si fanno esplodere in un appartamento nei pressi di Madrid. Tra di loro vi è anche Abdelmajid Fakhet, detto "Il Tunisino", probabilmente il capo delle operazioni di Madrid. Gli indizi del coinvolgimento delle alte sfere di al-Qaeda, che avrebbero non solo approvato l'attentato, ma anche finanziato e incentivato la sua realizzazione, non tardano ad arrivare. Si scopre infatti che *"la rete responsabile degli attacchi di Madrid è sorta dai resti di una cellula di al-Qaeda fondata un decennio prima"* [67]. Da questa cellula, composta probabilmente da diverse decine di persone, sono nati gli attentati dell'11 marzo 2004 a Madrid, tra i più sanguinosi della storia europea. Ma la minaccia delle cellule non si ferma in Spagna e, mentre l'Iraq è ancora sconvolto dai combattimenti interni, qualcosa di terrificante si sta progettando nella capitale del Regno Unito.

Lo IED: un portatore di morte

L'esplosione di uno IED, una bomba artigianale, può uccidere in diversi modi. Il primo, nel caso di particolare vicinanza alla bomba, è l'onda d'urto della detonazione: le forze di accelerazione e la sovrapressione a cui è sottoposto l'organismo possono causare danni catastrofici e letali sia esterni, come la decapitazione e lo smembramento del corpo, sia interni, specialmente i polmoni o i vasi sanguigni che, rompendosi, causano emorragie irreversibili. Un secondo modo è quello costituito dalle schegge, piccoli frammenti di materiali che vengono sparati ad altissime velocità e che, alla stregua di un proiettile, possono colpire in punti vitali chi si trova nei paraggi, causandone la morte. Le schegge si possono formare a partire dall'ambiente che circonda la bomba, che viene disgregato dall'esplosione, oppure create artificialmente, aggiungendo viti, chiodi e altri oggetti metallici nella miscela esplosiva. Un terzo modo, di nuovo collegato all'onda d'urto, in cui uno IED può essere letale riguarda i traumi da impatto. A seconda della potenza dell'esplosione, un corpo umano può essere sollevato da terra e scagliato a metri di distanza: il conseguente impatto con una superficie solida produce fratture multiple e danni al cervello e alla spina dorsale esattamente come una caduta da diversi metri di altezza. Le gravissime ustioni create dal calore della detonazione, le infezioni causate dalle schegge e il soffocamento dai detriti o dal fumo generati dall'esplosione sono altre frequenti cause di morte in seguito all'esplosione di uno IED.

Una di queste tremende sorti è toccata a ognuna delle 52 vittime degli attacchi terroristici avvenuti, il 7 luglio 2005, al sistema dei trasporti di Londra. Anche in questo caso, un rapporto[68] ricostruisce per filo e per segno ciò che è avvenuto.

Attacco a Londra

Poco più di un anno dopo gli attentati di Madrid anche i cittadini londinesi sperimentano sulla loro pelle gli effetti della strategia del terrore. Il 7 luglio 2015 un cartello della London Underground (la metropolitana di Londra) presso la stazione di Marylebone recita: "Questa stazione è attualmente chiusa a causa di un'interruzione di corrente. Si prega di usare gli autobus". La notte precedente quella tragica mattina, alle 3.58, una Nissan Micra blu passa davanti alle telecamere di Leeds mentre sta per imboccare l'autostrada che la porterà verso la capitale londinese: al suo interno vi sono Shehzad Tanweer, Hasib Hussain e Mohammad Sidique Khan, tutti cittadini britannici. Quest'ultimo, trentenne sposato e padre di una figlia di poco più di un anno, è il capo del gruppo: fino a un anno prima lavorava, con molto successo, come insegnante in una scuola per ragazzi con bisogni speciali, da cui si è licenziato per dedicarsi alla sua cellula terroristica. Un'altra macchina, una Fiat Brava rossa, attende la Micra in un parcheggio nei dintorni di Londra. Al suo interno, questa volta, vi è un uomo solo, Germaine Lindsay, l'unico del gruppo con origini giamaicane (gli altri tre provengono da famiglie pakistane), un diciannovenne di nazionalità inglese convertito all'Islam. Alle 8.23 le telecamere a circuito chiuso della stazione King's Cross della metropolitana di Londra riprendono i quattro terroristi mentre camminano, portando sulle loro spalle ingombranti zaini al cui interno – lo si è scoperto ovviamente solo dopo – vi è esplosivo artigianale a base di perossido organico. Questa miscela, usata in molti attentati, è abbastanza facile da sintetizzare ma è spesso inaffidabile, oltre che estremamente pericolosa, a causa della sua instabilità: forse i quattro terroristi non ne erano informati o forse avevano stabilito che una probabilità di circa il cinquanta percento di esplodere nel loro appartamento era un rischio accettabile per l'operazione. In ogni caso, due di loro erano stati addestrati poco prima in Pakistan da membri di al-Qaeda e, evidentemente, si sentivano abbastanza sicuri della loro capacità di fabbricare una bomba. Quando si dividono, i quattro si salutano per l'ultima volta con un abbraccio: appaiono euforici nonostante tre di loro, entro mezz'ora, avrebbero perso la vita nel loro attacco. Alle 8.50, a distanza di pochi minuti l'uno dall'altro, Shehzad Tanweer, Mohammad Sidique Khan e Germaine Lindsay fanno esplodere le loro bombe in tre diversi treni della metropolitana, proprio mentre si trovano nei tunnel sotterranei. Il risultato è catastrofico. Decine di persone muoiono sul colpo e i sopravvissuti, impossibilitati, a causa della mancanza di segnale, a comunicare con l'esterno, assistono impotenti all'agonia dei feriti più gravi. I soccorsi impiegano molto tempo per capire ciò che è successo sottoterra, mentre l'odore acre del fumo riempie le gallerie. Hasib Hussain, l'unico terrorista ancora vivo, prova a contattare gli altri e, non riuscendovi, esce dalla stazione della metropolitana: dopo aver comprato una batteria (con ogni probabilità quella nel suo ordigno era malfunzionante e non era riuscito a farlo detonare, come gli altri, nei treni) sale su un *double-decker bus*, colmo di persone a causa della chiusura di alcune parti della metropolitana, e si fa esplodere. Dell'autobus rosso a due piani, uno dei simboli di Londra, rimane solo qualche rottame fumante, sparso per la strada intorno ai cadaveri e alle pozze di sangue.

Nel suo videotestamento Mohammad Sidique Khan afferma, riferendosi alla situazione in Iraq: *"Fino a quando non fermerete gli attentati, le reclusioni e le torture al mio popolo, noi non fermeremo questa battaglia. Siamo in guerra e io sono un soldato."* Poi aggiunge: *"Ma le nostre parole non hanno alcun impatto su di voi. Perciò vi parlerò in una lingua che voi capite. Le nostre parole sono morte finché non gli diamo vita con il sangue."* Nello stesso video appare, in una scena diversa, Ayman al-Zawahiri, che rivendica l'attentato per conto di al-Qaeda. Quando, pochi giorni dopo l'attentato, gli ex colleghi di lavoro di Mohammed Sidique Khan apprendono alla televisione che uno dei terroristi suicidi è il bravo e paziente maestro che, fino a qualche mese prima, insegnava nella loro scuola, rimangono attoniti: più volte avevano sorriso all'uomo responsabile di questo orrore.

Targeted Killing

L'Occidente non sta però a guardare. Oltre alle indagini mirate sui responsabili degli attentati e sugli ambienti estremisti all'interno dei quali, proprio nelle capitali europee, si creano le condizioni per la radicalizzazione dei giovani e l'arruolamento di nuovi terroristi, i servizi segreti dei Paesi occidentali – e degli Stati Uniti in particolare – cercano di individuare ed eliminare i capi di al-Qaeda. E, a questo scopo, vengono utilizzate tecnologie all'avanguardia, che consentono di evitare le battaglie sul terreno e i confronti corpo a corpo.

Il 7 giugno 2006 a Baghdad, il caldo infernale del sole si riflette sulla lunga pista della base aerea, creando l'effetto ottico che tutto fa sembrare immerso nell'acqua. Un po' al riparo dalle temperature insopportabili, due piloti dell'aviazione degli Stati Uniti bevono avidamente le loro bottigliette d'acqua in un hangar appena rinfrescato da un condizionatore, troppo piccolo e debole per uno spazio così grande. Di fronte a loro, una stampa in formato maxi di un'immagine satellitare mostra l'abitazione-obiettivo con, contrassegnati intorno, tutti gli edifici popolati da civili che è necessario evitare di colpire. Ad attendere i due piloti, sulla pista, vi è una coppia di General Dynamics F-16 Fighting Falcon, il velivolo da combattimento multiruolo, fiore all'occhiello dell'aereonautica statunitense. I due jet decollano dalla pista con un rombo assordante e i loro propulsori a turboventola con postbruciatore sprigionano una potenza tale che, in pochi secondi, la base di partenza diventa solo un piccolo puntino nell'immensità della Terra.

Mentre l'azzurro del cielo pervade il loro campo visivo, i due piloti correggono la rotta e visualizzano sull'HUD tutte le informazioni relative al volo. L'HUD, Head-Up Display, è un sistema che proietta alcuni dati su uno schermo trasparente, permettendo a chi guarda di leggerli senza distogliere lo sguardo da ciò che lo circonda, una sorta di sovraimpressione sul mondo reale. I dati possono riguardare l'assetto dell'aeromobile (beccheggio, imbardata, rollio), la quota, la posizione dei nemici, gli armamenti selezionati. Inoltre, un'informazione fondamentale presente nell'HUD riguarda il fattore di carico, lo stress dovuto a forze fisiche, a cui è sottoposto il velivolo e il pilota in ogni movimento: se una manovra improvvisa, ad esempio per sfuggire a un razzo, dovesse essere particolarmente ardita, l'elevato fattore di carico porterebbe con ogni probabilità chi è a bordo a perdere i sensi.

Ma il volo, per i due piloti, è destinato a essere abbastanza tranquillo, poiché lo spazio aereo iracheno, dopo la distruzione dell'esercito di Saddam Hussein, è controllato interamente dalle forze americane e dagli alleati. L'obiettivo dei due jet è situato non molto distante: Abu Musab al-Zarqawi sta viaggiando, con la sua scorta, verso una riunione che deve aver luogo in una *safe house* nei pressi di Hibhib, un villaggio a Nord di Baghdad. Contemporaneamente, Sheikh al-Rahman, uno dei suoi consiglieri spirituali, si sta dirigendo in macchina, attraversando il caldo torrido del deserto, verso lo stesso luogo, senza sapere di avere puntato su di sé lo sguardo minaccioso e inquisitore di un drone americano che, da settimane a questa parte, segue i suoi spostamenti. Intanto una squadra di forze speciali circonda, tenendosi però a debita distanza, l'edificio dove è previsto l'incontro, fornendo le coordinate e tutte le informazioni utili, per gli attacchi dall'aria, al centro di comando che, a sua volta, le trasmette ai piloti degli F-16. I piloti, mentre sfrecciano con il corpo incollato allo schienale, lanciano una breve occhiata al display di sinistra, dove è appena apparsa una mappa ad alta risoluzione elaborata dal radar di bordo, per poi passare subito lo sguardo a quello di destra, in cui è evidenziata la bomba selezionata: un ordigno a guida laser da 225 chili.

Alle 18.15 ora locale, gli F-16 sganciano i missili sull'abitazione obiettivo e Sheikh al-Rahman, assieme ad altri due uomini, una donna e un bambino, muoiono nell'esplosione. Al-Zarqawi respira ancora quando viene trovato dalla polizia irachena, mentre striscia fuori dalle macerie, ma la sua agonia durerà solo qualche minuto prima di spirare definitivamente. Il giorno successivo, in un sito di al-Qaeda capeggia la scritta: *"Vogliamo donarvi la felice notizia del martirio del capo dei mujaheddin Abu Musab al-Zarqawi"* [69]. Per il movimento jihadista globale si apre un nuovo capitolo, che precederà la nascita di un mostro ancora più terribile: lo Stato Islamico dell'Iraq e del Levante.

4
NUOVE STRATEGIE DEL TERRORE

Con la morte di Abu Musab al-Zarqawi inizia, nelle file dei jihadisti iracheni, una nuova fase di transizione che porterà il gruppo a nominare un nuovo leader, Abu Ayyub al-Masri[70] (a sua volta sostituito, dopo breve tempo, da Abu Omar al-Baghdadi), e a cambiare il proprio nome in ISI, lo Stato Islamico dell'Iraq, che a sua volta diventerà ISIS. È fondamentale sottolineare questa distinzione: ISI e ISIS non sono la stessa cosa. Il primo (ISI) è il predecessore, che agisce solo in Iraq, del più noto secondo gruppo (ISIS) che verrà formalmente fondato solo nel 2013 e che agirà anche in Siria.

Ma i terroristi islamici non guardano solo all'Iraq e al Medio Oriente. L'Occidente rimane sempre nel mirino, anche se cambiano le strategie degli attacchi, spesso organizzati da piccole cellule nate nel contesto della nuova decentralizzazione dei fenomeni terroristici.

Attentati con bombe liquide

Se gli attacchi terroristici portati a termine, negli ultimi vent'anni, sono stati migliaia, altrettanti sono stati quelli falliti o sventati dalle autorità. Di questo secondo gruppo fa parte la cospirazione di al-Qaeda per attaccare alcuni aerei intercontinentali, in volo dal Regno Unito agli Stati Uniti, con esplosivo fluido.

All'inizio del 2006 Scotland Yard e l'MI5 (la sezione dei servizi segreti britannici che si occupa di sicurezza interna) intercettano un insolito traffico di comunicazioni tra il cittadino inglese Abdullah Ahmed Ali e un numero di cellulare mediorientale. Allarmati, i servizi di sicurezza britannici mettono immediatamente sotto osservazione Ahmed Ali, residente a Londra ma di origini pakistane, e condividono le informazioni con la CIA mentre indagano sul suo passato, venendo a conoscenza di numerosi viaggi sospetti compiuti in paesi del Medio Oriente. Gli agenti scoprono che, dopo il conseguimento della laurea in ingegneria informatica (alla City University di Londra, nel 2002) il giovane ha lavorato per l'Islamic Medical Association, un'associazione di volontari per la quale Ahmed Ali ha prestato servizio in alcuni campi di profughi afghani, esperienza che lo ha profondamente condizionato, come testimonierà al suo processo: *"C'erano ogni giorno molti morti nei campi. Dovevamo andare quotidianamente a molti funerali. Erano prevalentemente i bambini a morire"* [71].

Consapevole dell'alto grado di rischio e pericolo, grazie ai suoi potenti apparati di intercettazione l'MI5 individua 18 complici di Ahmed Ali, pronti a sacrificare la loro vita in una missione suicida, e comunica i loro nomi a Scotland Yard che provvede, con un dispiegamento di forze colossale (si parla di un migliaio di uomini), a mettere tutto il gruppo sotto osservazione ventiquattr'ore al giorno. Uno dei complici è Assad Sarwar, che si occupa di sintetizzare l'esplosivo nel covo della cellula a Londra, dove i servizi segreti, a sua insaputa, hanno installato strumenti di sorveglianza video e audio. La sua creazione è il TATP, perossido di acetone, una sostanza esplosiva cristallina, anch'essa estremamente instabile, formata da perossido d'idrogeno (acqua ossigenata), acetone e acido solforico. Secondo il piano dei terroristi, questi tre "ingredienti" liquidi dovevano essere introdotti negli aerei dentro a bottiglie di plastica, in modo tale da sembrare normalissime bibite, per essere poi mischiati nei bagni dei jet in modo da ottenere, con un po' di fortuna, i cristalli esplosivi. Con ogni probabilità, i terroristi avrebbero agito a coppie, attaccando così nove diversi velivoli.

L'MI5 scopre anche che l'uomo con cui Ahmed Ali parla frequentemente al telefono è Rashid Rauf, un operativo di al-Qaeda residente nelle aeree tribali del Pakistan che aveva già dato il suo contributo organizzativo a un altro attentato: quello del 2005 alla metropolitana di Londra. La questione si fa sempre più seria e l'intelligence moltiplica i suoi sforzi, raccogliendo un numero esorbitante di altri indizi e prove, arrivando infine, con l'approssimarsi dell'estate, a un bivio: che cosa fare dei terroristi? I servizi inglesi vogliono temporeggiare, sperando che la sorveglianza conduca ad altri terroristi non ancora scoperti. Al contrario, la CIA preme perché la polizia inglese effettui immediatamente gli arresti, reputando che lasciare i terroristi ulteriormente in libertà sia un rischio troppo alto. I giorni passano senza che venga presa una decisione e infine la CIA, con una mossa criticata da più parti, rompe gli indugi facendo catturare Rashid Rauf in Pakistan. Scotland Yard è quindi costretta ad arrestare tutti i membri della cellula di Londra, per timore che la notizia della cattura del loro capo li faccia disperdere. Il vero responsabile del piano, Rashid Rauf, sfugge però, misteriosamente, dalla prigione pakistana in cui è rinchiuso e si mette subito al lavoro per riabilitare il suo status all'interno di al-Qaeda, dopo l'ultimo fallimento. Nel 2008 incontra tre cittadini americani giunti in Afghanistan per combattere il *jihad* e, nonostante un loro iniziale disaccordo, li convince a tornare in patria ed effettuare un attentato nella ricorrenza degli attacchi al World Trade Center.

Rashid Rauf non vedrà mai la realizzazione del piano, che procederà comunque senza di lui. Verso la fine dell'anno diventa infatti il bersaglio di un missile Hellfire, progettato per le uccisioni mirate, lanciato da un drone MQ-9 Reaper degli Stati Uniti, un velivolo grande quanto un piccolo jet privato e comandato, tramite satellite, dal Nevada.

Obiettivo New York

Nella ricorrenza dell'11 settembre tutte le agenzie di intelligence e sicurezza degli Stati Uniti elevano il loro livello di allerta per la minaccia terroristica. La tensione è palpabile negli uffici dell'FBI e del New York City Police Department quando, nel 2009, poco prima della ricorrenza, gli investigatori vengono avvertiti dalla National Security Agency di alcune intercettazioni che indicano che un uomo, Najibullah Zazi, è in viaggio da

Denver verso New York su un veicolo ricolmo di TATP, con l'intenzione di colpire la metropolitana della città.

Siccome, una volta individuato, è impossibile per il terrorista far perdere le proprie tracce, considerando che gli Stati Uniti possono contare su capillari e sofisticati sistemi di sorveglianza, il problema che si pongono le squadre antiterrorismo dell'FBI è un altro: Najibullah Zazi sta agendo da solo? La situazione è estremamente delicata. Gli agenti federali non possono arrestare Zazi poiché, se egli avesse dei complici e si rifiutasse di collaborare con le autorità, gli altri terroristi potrebbero agire indisturbati. Allo stesso tempo, però, lasciare in libertà un individuo, accecato dalla propaganda jihadista, con l'esplosivo nel bagagliaio sembra quasi folle. I poliziotti fanno una scelta: decidono di mantenere il sangue freddo e aspettare. Così facendo, riescono a individuare a New York due complici di Najibullah Zazi, cioè Zarein Ahmedzay e Adis Medunjanin: sono i tre cittadini americani che l'anno precedente si erano recati in Afghanistan e avevano ricevuto istruzioni da Rashid Rauf. Attraverso ricerche sui social media, si scopre che i tre sono amici di vecchia data, compagni di scuola frequentanti la stessa moschea. Zazi, Ahmedzay e Medunjanin sono dunque *homegrown terrorist*, terroristi cresciuti e educati nel Paese che intendono attaccare.

I tre terroristi sospettano di essere stati scoperti e cercano di distruggere l'esplosivo e i documenti del loro progettato attentato. Le prove a carico di Zazi rendono però facile l'arresto. Dopo aver dichiarato inizialmente la sua innocenza, egli cambia linea di condotta, decidendo di confessare: afferma però di aver agito da solo, per proteggere i suoi compagni. Non passa tuttavia molto tempo prima che le autorità riescano a provare anche il coinvolgimento dei due complici. Il 7 gennaio 2010, sapendo di essere a un passo dall'arresto, Medunjanin sale sulla sua auto e si lancia a folle velocità per le strade di New York, seguito a ruota da una squadra di sorveglianza dell'FBI. Il giovane termina la sua corsa schiantandosi contro un'altra auto, non prima di aver chiamato il 911 e aver pronunciato due volte: "Io amo la morte più di quanto voi amiate la vita", frase rappresentativa del culto della morte radicato negli ambienti jihadisti. Nonostante l'incidente, Medunjanin sopravvive e, dopo il processo, in cui confessa di essersi recato in Afghanistan accecato dal richiamo del *jihad*, riceve una condanna all'ergastolo. A questo punto gli investigatori fanno luce su un'altra figura che potrebbe aver guidato il trio sulla via della radicalizzazione.

Anwar al-Awlaki

Un terrorista non è solo colui che compie gli attentati ma, più in generale, ogni persona che con le proprie azioni, il proprio pensiero e le proprie parole dia consapevolmente un contributo a un'organizzazione terroristica. Un imam – cioè colui che dirige la preghiera rituale in comune – che predica il *jihad* violento è un terrorista allo stesso modo dell'uomo che si fa esplodere in una metropolitana. Il terrorismo, infatti, non è solo azione ma anche ideologia. Non a caso, il comunicatore è una figura fondamentale nel terrorismo: il suo compito è diffondere globalmente l'ideologia del gruppo, avendo cura di far presa nelle menti di coloro che ascoltano o leggono. I comunicatori di al-Qaeda devono cercare di raggiungere il cuore dei musulmani, provando a convincerli che la loro interpretazione dell'Islam è quella corretta e che il *jihad* offensivo contro l'Occidente è un dovere di ogni credente. Questa propaganda può realizzarsi sia in incontri diretti, sia attraverso internet. Anzi, a partire dagli inizi degli anni Duemila, visto l'inasprirsi dei controlli da parte dei governi, i gruppi jihadisti tendono molto più a effettuare l'indottrinamento dei potenziali terroristi online, sui forum, sui social o per chat. Mentre in precedenza gli uomini di al-Qaeda avevano necessità di far viaggiare i potenziali adepti fino in Pakistan, adesso tutto può essere svolto davanti a un computer. Un importante esponente di questo tipo di reclutamento, che anche l'ISIS farà suo (producendo migliaia di testi e video di propaganda), è Anwar al-Awlaki.

Al-Awlaki è uno dei principali propagandisti di al-Qaeda e su internet (specialmente su Facebook e YouTube) diffonde video, audio e articoli in quantità esorbitante che, anche anni dopo la sua morte in Yemen nel 2011, continueranno a influenzare gli autori di alcuni degli attentati più letali in Europa e Stati Uniti. Per esempio, è proprio ascoltando i suoi discorsi che i tre terroristi del complotto alla metropolitana di New York decidono di recarsi in Afghanistan nel 2008. Ma al-Awlaki, nato in New Mexico e di origini yemenite, è ispiratore di numerosi terroristi. Tra il 1996 e il 2000 lavora in una moschea a San Diego, in California, in veste di *imam*, dove comincia a mostrare pubblicamente i primi segni di radicalizzazione, mentre passa sempre più spesso il suo tempo libero in compagnia di prostitute. In questo periodo, si scoprirà, stringe un forte legame con Khalid al-Mindhar e Nawaf al-Hazmi, due tra i diciannove dirottatori dell'11 settembre, di cui diventa consigliere spirituale e con i quali legge e discute passi del Corano, supportandoli, incitandoli e rassicurandoli nel periodo che precede l'azione suicida.

Racconta al-Awlaki, in un suo discorso rivolto all'America: *"Io per primo sono nato negli Stati Uniti e ho vissuto negli Stati Uniti per ventuno anni. L'America era la mia casa. Ero un predicatore dell'Islam coinvolto nell'attivismo islamico non violento. Tuttavia, con l'invasione americana dell'Iraq e le continue aggressioni degli Stati Uniti contro i musulmani, non potevo conciliare il vivere negli Stati Uniti e l'essere musulmano e, alla fine, sono arrivato alla conclusione che il jihad contro l'America è vincolante per me, così com'è vincolante per tutti gli altri musulmani in grado di combattere."* Poi manda un messaggio ai musulmani negli Stati Uniti: *"Ai musulmani in America ho questo da dire: come può la vostra coscienza permettervi di avere un rapporto pacifico con la Nazione che è responsabile della tirannia e dei crimini commessi contro i vostri stessi fratelli e sorelle? Come potete essere leali nei confronti di un governo che sta combattendo una guerra contro l'Islam e contro i musulmani?"* [72]

Attentato a Fort Hood

Le parole di Anwar al-Awlaki vengono prese particolarmente sul serio da un uomo, Nidal Hasan, cittadino americano di origini palestinesi, che serve come psichiatra nelle file dell'esercito degli Stati Uniti. Il 5 novembre 2009 Hasan si trova fuori dai cancelli di Fort Hood, in Texas, pronto a dare il via a una carneficina. Dopo aver distrattamente osservato il via vai di personale in divisa all'ingresso della base, lo psichiatra si concentra sulla pistola che tiene in mano, una FN-FiveSeven di fabbricazione belga, notando che il sudore che esce in abbondanza dai suoi palmi ha cambiato leggermente il colore dei polimeri dell'arma. Dopo aver nascosto nel vestito la FiveSeven, insieme a un'altra pistola, una Smith & Wesson 357, Hasan si presenta dalla guardia armata, mostrandole il tesserino ed esibendo un sorriso palesemente forzato. Nessuno avrebbe sospettato di lui, Hasan lo sa bene: è un militare della base, un ufficiale per di più. Entrare nella base sarebbe stato un gioco da ragazzi, uscirne vivo un evento, invece, estremamente improbabile.

Mentre Hasan si avvicina a una folla di militari in procinto di effettuare alcune visite mediche prima della partenza in missione, il suo cuore, soggetto allo stimolo dell'adrenalina, inizia a pompare sangue a una velocità esorbitante. Estrae la sua FiveSeven e, sotto gli sguardi increduli dei presenti che faticano a realizzare ciò che vedono, mira alla schiena di un uomo in uniforme e poggia il polpastrello sul grilletto. Esercitando una leggera trazione, l'arma esplode il primo colpo, poi un secondo, poi un terzo. L'eco degli spari sconvolge la tranquillità quotidiana, mentre le prime vittime cadono a terra senza vita. Alcuni militari disarmati, così voleva il regolamento, tentano di fermare Hasan, inutilmente: il terrorista continua a gridare "Allahu Akbar[73]" mentre prende con calma e lucidità la mira su altri bersagli. Hasan evita volutamente di colpire i civili ma, al contrario, mira e colpisce il personale in divisa: sono essi a costituire una minaccia per il "suo" popolo musulmano. Quando il sistema di puntamento illuminato al trizio della FiveSeven si ferma sulla figura di una militare incinta, appena tornata dall'Iraq per sostenere la gravidanza, Hasan non esita neanche un momento. Con un solo proiettile, sparato al petto, uccide due persone: la madre e il bambino nel suo grembo.

Dopo aver ucciso tredici persone (quattordici se si considera il bambino che ancora doveva nascere), Nidal Hasan viene infine fermato da un agente di polizia che gli spara quattro colpi. Ma sopravvive e viene curato in ospedale. Giudicato e condannato a morte da un tribunale militare, di fronte a cui si dichiara colpevole, sostenendo di aver agito per *"proteggere i musulmani e i leader talebani in Afghanistan"* [74], Nidal Hasan è adesso in custodia dell'esercito degli Stati Uniti, in attesa dell'esecuzione.

"Nidal Hasan è un eroe": al-Awlaki non perde tempo a tessere le lodi dell'uomo che egli aveva spinto all'azione, attraverso i suoi scritti e uno scambio diretto di e-mail. *"Hasan è un uomo di coscienza che non può sopportare la contraddizione di essere musulmano e di servire allo stesso tempo un esercito che sta*

combattendo contro la sua gente" [75]. Al-Awlaki, però, non si limita alle parole e in Yemen, dove si era trasferito nel 2004, raffina i suoi sforzi per la creazione di un affiliato di al-Qaeda che sarà l'autore del catastrofico attacco alla redazione del giornale satirico *Charlie Hebdo*, il 7 gennaio 2015 a Parigi.

Gli affiliati di al-Qaeda

Dal 2001 in poi, dopo l'invasione americana dell'Afghanistan, la struttura di comando di al-Qaeda tende a essere sempre più decentralizzata. Un esempio di questa decentralizzazione è al-Qaeda in Iraq: il gruppo, pur essendo formalmente sotto l'autorità di Osama Bin Laden, opera in realtà in piena autonomia e il suo leader, Abu Musab al-Zarqawi, è totalmente padrone delle sue scelte. Le figure carismatiche ai vertici di al-Qaeda, come Bin Laden e al-Zawahiri, giocano un ruolo sempre minore nel processo decisionale, soprattutto perché, perennemente braccati dagli americani, non hanno la possibilità di circolare liberamente, comunicare con chiarezza e allestire proprie milizie.

A partire dal 2009 questo processo di decentralizzazione porta alla creazione di una rete di affiliati di al-Qaeda in più parti del globo: gruppi che, pur mantenendo la propria autonomia, giurano fedeltà a Osama Bin Laden e sposano il suo programma per la creazione di un califfato. È in quest'ottica che, dall'unione di diverse realtà terroristiche in Arabia Saudita e Yemen, nasce AQAP (al-Qaeda in the Arabian Peninsula), di cui al-Awlaki diventa uno dei principali responsabili dopo il leader Nasir al-Wahayshi. Alcuni anni prima era nata al-Shabab, un'organizzazione terroristica con sede nel Corno d'Africa e in particolare in Somalia, e AQIM (al-Qaeda in the Islamic Maghreb) che ha invece come sfera d'azione principale il Nord Africa. AQIS (al-Qaeda in the Indian Subcontinent) viene creata invece, tra il Pakistan e l'India, solo nel 2014. Tutte queste sigle (a esclusione di al-Shabab) non rappresentano però una realtà unica e coesa, ma sono il prodotto della convergenza di diversi gruppi e milizie che talvolta continuano a mantenere una certa autonomia. Tutto ciò favorisce una diffusione del fenomeno terroristico, spesso incontrollabile a causa dell'estrema frammentazione dei centri direttivi e operativi.

Colpire il giorno di Natale

Ed è proprio AQAP che, probabilmente per accreditarsi agli occhi della galassia terroristica globale, organizza, all'indomani della propria fondazione, un primo attentato internazionale in grande stile. Il giorno di Natale del 2009 il centro di controllo aereo dell'aeroporto di Detroit riceve una comunicazione di emergenza da parte del comandante del volo Northwest 253 della Delta Airlines, in cui il pilota spiega che il suo aereo, un Airbus 330 con quasi trecento passeggeri a bordo, potrebbe essere sotto attacco terroristico.

Qualche ora prima un giovane nigeriano, Umar Farouk Abdulmutallab, figlio di un importante banchiere del suo Paese, si è imbarcato su questo aereo all'aeroporto di Amsterdam. È lunga la strada che lo ha portato fin lì, a passare sotto un metal detector con dell'esplosivo legato intorno a una gamba e con lo stomaco in preda alle contrazioni tipiche dell'ansia. Il ragazzo è abituato ai voli: nella sua breve vita ha già girato il mondo grazie alle ricchezze del padre. È stato in Togo, a studiare in una delle scuole più prestigiose della capitale, all'Università di Londra, poi a Dubai e, infine (tappa di viaggio non autorizzata dal padre) in Yemen. Qui ha cercato e trovato Anwar al-Awlaki, l'uomo i cui discorsi fondamentalisti lo hanno tanto affascinato da desiderare di incontrarlo di persona. Il feroce *imam* impiega poco tempo, circa tre giorni in cui ospita il giovane nella sua residenza, per convincere Farouk della necessità di compiere un attentato.

Quando il giovane nigeriano accetta, al-Awlaki chiama alcuni professionisti del montaggio per filmare il tradizionale video di martirio, di cui egli stesso scrive le parole. Avendo ottenuto il benestare dal leader di AQAP, Nasir al-Wahayshi, al-Awlaki contatta Ibrahim al-Asiri, uno dei massimi esperti di bombe del gruppo, chiedendogli di realizzare un particolare tipo di esplosivo: potente, di volume contenuto e non individuabile ai raggi X. Per al-Asiri è quasi un gioco da ragazzi, vista la sua grande esperienza: addirittura, qualche mese prima ha creato una bomba impiantata chirurgicamente nel corpo di suo fratello, che si è poi fatto esplodere nel tentativo di uccidere il principe saudita. Al-Asiri realizza per al-Awlaki e per il giovane nigeriano una miscela a base di PETN, uno degli esplosivi più potenti mai inventati, con un innesco a reazione chimica, e suggerisce che venga inserita dentro un profilattico e fissata alla gamba del martire. Assicura inoltre che non può essere individuata.

E così, Umar Farouk Abdulmutallab passa i controlli di sicurezza e si imbarca sul suo volo. Al-Awlaki gli ha espressamente chiesto di far esplodere l'aereo sopra una grande città americana, nella speranza di moltiplicare il numero di vittime, e Abdulmutallab è costretto quindi ad aspettare, seduto al suo posto, che le ore passino, mentre dentro di sé si accende una lotta tra il suo desiderio di portare a termine la missione e il naturale istinto di sopravvivenza. Quando, ormai in volo sul suolo americano, fa ritorno al suo posto dopo essersi recato in bagno, il giovane si prepara a innescare l'esplosivo. Furtivamente, utilizza una siringa per iniettare un liquido detonante all'interno della miscela presente nel profilattico attorno alla sua gamba, in silenzio, senza dire una parola. Ma l'esplosivo, invece di esplodere, prende soltanto fuoco, ustionando gravemente la gamba di Abdulmutallab e attirando l'attenzione degli altri passeggeri. Alcuni di loro immobilizzano il giovane, che non oppone resistenza, e lo ammanettano a un sedile dopo averlo perquisito, mentre il comandante del volo comunica il cessato allarme e fa atterrare l'aereo. Una vita in prigione è tutto ciò che guadagna, dal suo incontro con al-Awlaki, Umar Farouk Abdulmutallab, proprio lui che avrebbe potuto vivere un'esistenza negata alla maggior parte dei suoi connazionali.

Abu Bakr al-Baghdadi

Anche al-Awlaki, come tutti i terroristi di alto rango, in Yemen è costretto a vivere come una preda braccata che si nasconde, sospetta e teme. L'*imam* è perfettamente consapevole di essere finito nella lista nera del governo degli Stati Uniti che, con i suoi droni, è in grado di colpire praticamente ovunque. Quando viene ucciso da un missile Hellfire, il 30 settembre 2011, al-Awlaki si trova con un cittadino americano, redattore della rivista *Inspire* (una rivista volta a diffondere l'ideologia jihadista salafita nel mondo) affiliata ad AQAP. Un anno prima di al-Awlaki vengono uccisi, in un'azione congiunta degli eserciti americano e iracheno, Abu Omar al-Baghdadi, leader dell'ISI, e Abu Ayyub al-Masri, suo ministro della guerra. Nell'azione, descritta dal vicepresidente degli Stati Uniti Joe Biden come *"un colpo potenzialmente devastante per al-Qaeda in Iraq"* [76], perdono la vita anche un assistente di al-Masri e uno dei figli di al-Baghdadi. Ma l'auspicio di Joe Biden non si realizza. Il nuovo comandante dell'ISI, Abu Bakr al-Baghdadi, diventa una terribile minaccia per il Medio Oriente e per l'Occidente: dal 2013 diventa infatti il terrorista più ricercato, in quanto Califfo dell'organizzazione terroristica che occupa le prime pagine dei giornali di tutto il mondo: l'ISIS.

Abu Bakr al-Baghdadi[77], noto anche come lo "sceicco invisibile" per via dell'abitudine di indossare una maschera nel rivolgersi ai suoi comandanti, è molto più giovane dei carismatici leader di al-Qaeda, Bin Laden e al-Zawahiri, ma nei loro confronti non nutre alcun timore reverenziale. Nato, nel 1971, e cresciuto a Samarra (Iraq), studia a Baghdad durante il regime di Saddam Hussein. Qui al-Baghdadi consegue una laurea in diritto islamico, un master in recitazione del Corano e un dottorato in studi coranici. Una carriera universitaria brillante che non gli impedisce però, quando gli Stati Uniti invadono l'Iraq, di arruolarsi nelle file del jihadismo iracheno. Catturato a Fallujah (la città irachena in cui si svolgono alcuni dei combattimenti più violenti tra gli americani e la resistenza sunnita), rimane, tra il 2004 e il 2009, recluso a Camp Bucca, un campo di prigionia dell'esercito statunitense. Secondo vari report, al-Baghdadi esercita la sua leadership all'interno del carcere, guidando le preghiere e fungendo da insegnante in alcune classi di studi religiosi. Dopo il rilascio, la sua storia diventa poco chiara, ma è certo è che egli entra a far parte dell'ISI e che, in poco tempo, scala la via gerarchica fino a essere nominato emiro (leader) del gruppo nel 2010.

Dalla guerra civile in Siria alla creazione del Califfato

Nel 2011 un'ondata di proteste e di sollevazioni di massa, volte a richiedere libertà e democrazia, scuote molti paesi arabi tra cui, in particolare, Tunisia, Egitto e Libia. Ma vi è un altro Paese, fondamentale per la storia del terrorismo islamico, in cui le insurrezioni della "Primavera araba" non sono altro che l'avvio di una sanguinosa guerra civile che dura tutt'ora: la Siria, guidata da Bashar Assad, esponente della minoranza sciita del Paese. Sono due le ondate di manifestazioni che scuotono la Siria: nella prima, a inizio 2011, la partecipazione popolare è bassa mentre nella seconda, nel mese di marzo, folle numerose scendono nelle piazze in quasi tutte le città. La reazione di Assad è feroce e non passa molto tempo che la notizia dei primi morti riecheggia in tutto il Paese, destando uno sdegno ancora maggiore nella popolazione riguardo ai metodi repressivi esercitati dal governo. A luglio nasce dunque l'Esercito Siriano Libero (FSA), il gruppo armato di riferimento per i rivoluzionari, il cui fronte sarà però destinato a frammentarsi in diverse milizie (alcune a sfondo laico, altre a sfondo religioso). Inizia così la guerra civile.

Lo scontro non tarda però ad assumere dimensioni internazionali, con l'ingresso nel teatro siriano delle due "superpotenze" del mondo arabo: l'Iran, alleato del regime sciita di Assad, e l'Arabia Saudita (insieme a Turchia e Qatar), sostenitrice invece della causa rivoluzionaria. Gli Stati Uniti, dopo l'utilizzo di armi chimiche da parte dell'esercito di Assad, manifestano simpatia per i ribelli, mentre la Russia dichiara apertamente il proprio supporto ai governativi. In questo scenario, già di per sé complicato ed estremamente violento (si stima che il conflitto abbia provocato circa settecentomila morti) si vanno a inserire, nel corso dell'anno successivo, le strategie di al-Qaeda e dell'ISI.

Abu Bakr al-Baghdadi, allettato dalla possibilità di espandere la sfera di influenza dell'ISI dall'Iraq alla Siria, decide di inviare alcuni dei suoi *mujaheddin* nel Paese sconvolto dalla guerra civile per combattere contro le truppe di Assad. Dopo aver nominato Abu Muhammad al-Jawlani come leader locale del gruppo, al-Baghdadi lo istruisce sulla strategia politica e militare da tenere in Siria, in modo da evitare gli errori commessi anni prima da al-Qaeda in Iraq. Così, il Fronte al-Nusra (così viene chiamato il gruppo capitanato da al-Jawlani) cerca e ottiene le simpatie della popolazione siriana, grazie alla distribuzione di beni di prima necessità e allo stipendio fornito ai combattenti (e ai risarcimenti alle famiglie in caso di morte). Tra FSA e al-Nusra inizia dunque a palesarsi uno scontro per la ricerca dell'egemonia sui ribelli in chiave anti-Assad. Tutto ciò rende la guerra civile ancora più confusa.

Il *modus operandi* di al-Jawlani non è diverso da quello di altri leader di organizzazioni terroristiche. Pur mantenendo come bersaglio principale le truppe e le forze di sicurezza di Assad, il Fronte al-Nusra non esita infatti a colpire indiscriminatamente civili, quando se ne presenta l'occasione, specialmente se essi sono musulmani sciiti. Anche in Siria, come in Iraq anni prima, si alimenta una dimensione settaria del conflitto, che vede contrapposte le minoranze etniche e religiose del Paese (sciiti, cristiani, curdi) e i sunniti salafiti delle organizzazioni jihadiste. Nella banca dati del Global Terrorism Database[78] sono attribuiti al fronte al-Nusra 344 attentati terroristici (compresi quelli falliti o sventati) tra il 2012 e il 2017, la maggior parte effettuati per mezzo di autobombe contro obiettivi militari e governativi. Per i suoi legami con la leadership di al-Qaeda, e per la sua ideologia apertamente radicale, il Fronte al-Nusra viene classificato, inizialmente dagli Stati Uniti e poi da numerose altre Nazioni, come organizzazione terroristica, un'etichetta che delegittima sul piano internazionale il ruolo del gruppo nel fronte antigovernativo. Ma la situazione in Siria è destinata a complicarsi ulteriormente quando, nel 2013, si apre una disputa tra i tre maggiori leader del jihadismo in Medio Oriente: Ayman al-Zawahiri (nuovo capo di al-Qaeda), Abu Bakr al-Baghdadi (alla testa dell'ISI in Iraq) e Abu Muhammad al-Jawlani (leader del Fronte al-Nusra). In questa fase ISI e al-Nusra non sono ancora due realtà indipendenti bensì sono entrambi affiliati di al-Qaeda e, quindi, formalmente soggetti agli ordini di al-Zawahiri. Le cose sono però destinate a cambiare.

Una nuova fase del terrorismo in Europa: i "lupi solitari"

Prima di arrivare a questa nuova fase dei rapporti di forza tra gruppi terroristici in Medio Oriente, al-Qaeda vede accentuarsi il suo declino organizzativo. Il 2011 rappresenta infatti un anno drammatico per al-Qaeda che, in breve tempo, si vede privare, oltre che della forza retorica di al-Awlaki, anche della leadership carismatica del suo fondatore, Osama Bin Laden, ucciso in Pakistan dalle forze speciali degli Stati Uniti. Ayman al-Zawahiri gli subentra come leader del gruppo e, a un mese dalla morte del suo predecessore, lo ricorda con queste parole: *"L'uomo che in vita ha terrorizzato l'America continuerà a terrorizzarla anche dopo la sua morte"* [79].

La morte di Bin Laden arriva poco dopo che, in Francia, una serie di tre attacchi terroristici effettuati dallo stesso individuo, Mohamed Merah, nell'arco di nove giorni, destano l'attenzione delle agenzie di controterrorismo sul problema della radicalizzazione in carcere. La storia di Mohamed Merah sembra corrispondere in tutto e per tutto a quella di altri *homegrown terrorist:* nato a Tolosa da una famiglia di immigrati algerini, cresce nelle periferie della città in un contesto povero e degradato, viene più volte espulso dalla scuola e inizia giovanissimo un intenso via vai dalla prigione a causa di piccoli crimini, come rapine o atti di vandalismo, in cui giornalmente è coinvolto. Ma nella sua vita vi è anche un dettaglio inquietante, che potrebbe far pensare a una malattia psichiatrica: nel 2008, all'età di vent'anni, il giorno di Natale Mohamed Merah tenta di suicidarsi nella prigione in cui è detenuto e dove, con ogni probabilità, si è radicalizzato. Uno degli psichiatri che lo analizza dopo questo gesto sostiene che egli abbia *"un normale intelletto ma una disposizione verso un comportamento antisociale"* [80]. In ogni caso, uscito di prigione, il giovane tenta di arruolarsi dapprima nell'esercito francese e successivamente nella Legione straniera, ma da entrambe viene rifiutato. Effettua anche un viaggio in Afghanistan e in Pakistan che desta l'attenzione dei servizi segreti francesi che, al suo ritorno, conducono un breve interrogatorio nel quale Mohamed Merah mostra alcune foto scattate nei due paesi, convincendoli di essere un semplice turista.

Ma Mohamed Merah non ha di certo viaggiato nei luoghi di al-Qaeda per visitare le bellezze del luogo e lo dimostra l'11 marzo 2012 quando, con il pretesto di essere interessato a un acquisto, prende un appuntamento dietro a una scuola di Tolosa con un sergente dell'esercito francese, Imad Ibn Ziaten, che aveva postato un annuncio di vendita di una moto su internet. Una volta arrivato sul luogo, alle quattro del pomeriggio, accesa la GoPro che porta con sé, Merah domanda all'altro uomo: *"Sei nell'esercito? Sei un soldato?"*, poi gli ordina, puntandogli una pistola: *"Sdraiati a faccia in giù!"*. Ziaten risponde con grande sangue freddo: *"Non mi sdraierò, sto fermo qui. Mi stai per sparare? Avanti, spara"* [81]. Mohamed Merah preme il grilletto della sua Colt e uccide il sergente sparandogli alla testa, poi si dà alla fuga.

Le autorità francesi non riescono a individuare l'identità dell'assassino (e non c'è nemmeno la consapevolezza che si tratti di un atto di terrorismo) e così Mohamed Merah, sempre con la GoPro al suo seguito, il 15 marzo spara a un capannello di militari in divisa in fila a un bancomat a Montauban, uccidendone due e ferendone gravemente un terzo. Dalle registrazioni recuperate si può sentire l'uomo, appena ventitreenne, gridare "Allahu Akbar" mentre finisce con tre colpi una delle sue vittime che, ferita, stava tentando di strisciare via dall'agguato. La polizia adesso è seriamente allarmata, ma non conosce ancora l'identità dell'uomo che gira per il Paese uccidendone i militari.

Il terzo e ultimo attentato di Mohamed Merah, effettuato il 19 marzo a Tolosa, è quello che miete più vittime. Pistola alla mano, il terrorista si dirige verso una scuola ebraica e apre il fuoco sui primi bersagli che gli capitano a tiro: un rabbino e i suoi due figli di quattro e cinque anni. Per tutti e tre i proiettili ricevuti sono fatali. Ma a Mohamed Merah non bastano queste vittime e così, superando l'ingresso, entra nel cortile della scuola dove afferra per i capelli la sua quarta vittima, una bambina di sette anni che stava fuggendo, e le spara alla testa. In linea con il suo *modus operandi*, il terrorista fugge, per rientrare nella sua abitazione dove, due giorni dopo, verrà assediato dalle forze speciali della polizia francese.

L'assedio di Mohamed Merah dura 32 ore: la polizia negozia e prova più volte, senza successo, a fare irruzione nella casa mentre emergono nuovi dettagli, utili ai negoziatori, sul presunto disturbo antisociale del terrorista. Il DSM-5[82] descrive gli individui con disturbo antisociale di personalità nel seguente modo: *"Gli individui con questo disturbo non rispettano i desideri, i diritti o i sentimenti degli altri. [...] Le decisioni vengono prese sotto l'impulso del momento, senza riflettere e senza considerare le conseguenze per sé e per gli altri. [...] Gli individui con disturbo antisociale di responsabilità tendono a essere irritabili e aggressivi. [...] Mostrano scarso rimorso per le conseguenze delle proprie azioni."* Il manuale aggiunge anche: *"La prevalenza è più alta nei campioni che subiscono fattori socioeconomici (per es., la povertà) o socioculturali (per es., la migrazione) avversi."* Ma la conoscenza approfondita dell'uomo, della sua storia e dei suoi problemi psicologici non consente comunque alla polizia di giungere a un accordo: Mohamed Merah non ha nessuna intenzione di arrendersi e, il 22 marzo, dopo aver rivendicato gli attacchi e affermato di appartenere ad al-Qaeda, viene colpito alla testa da un cecchino mentre tenta la fuga da una finestra in seguito all'irruzione delle forze speciali. Ma Mohamed Merah non è, purtroppo, l'unico "lupo solitario" che produce morte e violenza in Occidente.

L'attacco alla Maratona di Boston

Per gli abitanti di Boston il 15 aprile 2013 è uno dei giorni più importanti dell'anno. Nella città ha luogo infatti la famosa maratona che attira, per l'occasione, 23.000 corridori da ogni parte del globo, pronti a competere per quello che è uno dei titoli più prestigiosi a livello mondiale. Quest'anno, però, la consueta atmosfera di festa è destinata a essere rovinata dalle attività di due terroristi di origine cecena, i fratelli Dzhokhar e Tamerlan Tsarnaev, che hanno posizionato due ordigni esplosivi nei dintorni della linea di arrivo, dove centinaia di persone si ammassano per vedere i maratoneti, stremati e soddisfatti allo stesso tempo. Per la costruzione degli ordigni, non avendo particolari addestramenti (i due non sono stati mai collegati ad alcun gruppo terroristico), i fratelli Tsarnaev fanno riferimento alle istruzioni contenute nella rivista *Inspire* di AQAP, in cui vengono pubblicati anche gli scritti di al-Awlaki. Le bombe sono costituite da esplosivo a basso potenziale, mischiato a chiodi e frammenti metallici, inserito dentro a una pentola pressione. Esplodendo in mezzo alla folla, i due ordigni causano tre morti e più di 250 feriti, soprattutto a causa dei frammenti metallici.

Tra i feriti, 17 sono sottoposti all'amputazione di almeno un arto.

Utilizzando il caos della folla, i fratelli Tsarnaev si allontanano e fanno perdere le proprie tracce, poi sequestrano un cittadino con la sua auto per darsi alla fuga. Ma non passa molto tempo prima che vengano individuati e attaccati dagli agenti (l'ostaggio, intanto, è riuscito a fuggire): nella sparatoria perde la vita il fratello maggiore, Tamerlan. Dzhokhar riesce nuovamente a fuggire e si nasconde in una barca ancorata al porto, ma viene individuato e arrestato dopo un breve scontro a fuoco. Ad attenderlo, nonostante la difesa degli avvocati, vi è la pena di morte.

L'assassinio di Lee Rigby

"Musulmani muoiono ogni giorno per mano dei soldati inglesi ed è questa l'unica ragione per cui oggi abbiamo ucciso quest'uomo": così Michael Adebolajo si rivolge a un passante, testimone della tragedia, che lo sta riprendendo con lo smartphone. *"E questo soldato inglese è soltanto il primo: è occhio per occhio e dente per dente"*[83]. Con le mani completamente insanguinate e altro sangue che cola lento e costante dalla mannaia e dal coltello che stringe nel pugno, il terrorista prosegue in quello che pare un video di martirio dopo l'attentato appena effettuato: *"Mi dispiace che le donne abbiano dovuto assistere a tutto ciò, ma anche nelle nostre terre le donne devono osservare queste scene"*. Abedolajo si riferisce al cadavere che giace sulla carreggiata, in una pozza di sangue, colpito dalla sua furia cieca e

da quella del suo compagno Michael Adebowale: *"Pensate che saranno i politici a morire? No, saranno le persone comuni, come voi e i vostri figli"* [84]. Il cittadino inglese che effettua le riprese con il suo Blackberry si trova a poco più di due metri dal terrorista ma non gli viene torto un solo capello nei quasi venti minuti che passano tra l'assassinio e l'arrivo della polizia. *"Lasciate le nostre terre e così potremo vivere tutti in pace. Questo è tutto ciò che ho da dirvi. Che la pace e la benedizione di Dio siano su di voi"* [85] conclude Michael Adebolajo, mentre i suoi occhi freddi e lucidi si iniettano di sangue con l'arrivo delle forze dell'ordine. Armi alla mano, i due terroristi si lanciano in un folle assalto contro gli agenti: entrambi vengono colpiti dai proiettili e cadono al suolo. Ma i due terroristi sopravvivono e saranno entrambi condannati all'ergastolo.

I soccorritori si trovano di fronte a una scena orripilante: un corpo quasi decapitato, smembrato, fatto a pezzi e circondato dai suoi organi interni, tutto allagato in una pozza di sangue. È il cadavere di Lee Rigby, un fuciliere dell'esercito britannico che il pomeriggio del 22 maggio 2013 si trova a percorrere, fuori servizio e senza divisa, una strada poco distante alla sua caserma. In quella strada, che avrebbe dovuto condurlo a fare acquisti in un negozio, il giovane venticinquenne trova soltanto la morte. Michael Adebolajo e Michael Adebowale, due estremisti islamici non formalmente affiliati a organizzazioni terroristiche, dopo averlo seguito fin dall'uscita della base lo investono con la loro auto, intorno alle 14.30, per poi scendere e utilizzare attrezzi da macellaio per finirlo. Il primo ministro del Regno

Unito, David Cameron, parla davanti alle telecamere poco tempo dopo la tragedia: *"Non cederemo mai al terrore o al terrorismo, in nessuna delle sue forme"* [86]. Negli anni a venire i cittadini europei sentiranno pronunciare molto spesso, all'indomani di un qualche attentato, frasi di questo stampo dai loro capi di Stato: ciò che accade in Medio Oriente sta aprendo la strada a una nuova epoca di terrore.

La nascita del Califfato

Il fenomeno dei "lupi solitari" non si sviluppa per caso. Esso risponde ai mutamenti dei rapporti di forza tra le organizzazioni terroristiche in Medio Oriente. La crisi di al-Qaeda a favore dell'ISI (e poi dell'ISIS) comporta una progressiva decentralizzazione degli attacchi contro l'Occidente, spesso compiuti non da solide organizzazioni, strutturate in forma quasi 'militare', ma da singoli fanatici, indipendenti l'uno dall'altro e aizzati dalla propaganda sul web. Nel 2013, infatti, la situazione interna al movimento jihadista cambia radicalmente. Abu Bakr al-Baghdadi, leader dell'ISI, estende la propria sfera di influenza, con la violenza, nel Nord-Ovest dell'Iraq e annuncia unilateralmente, il 9 aprile, una fusione tra il suo gruppo e al-Nusra (che agisce invece nell'Est della Siria) con la conseguente nascita del suo autoproclamato Califfato: è la premessa per la fondazione dell'ISIS, che però verrà proclamato ufficialmente solo il 29 giugno 2014. Come vuole l'ideologia salafita radicale, al-Baghdadi rievoca, con il proprio Califfato, il "passato glorioso" dell'Islam ai suoi albori. Da parte sua, però, al-Jawlani (leader di al-Nusra) rifiuta la fusione, dichiarando di non essere stato consultato e invita i suoi *mujaheddin* a non obbedire agli ordini di Abu Bakr al-Baghdadi. Nella disputa non tarda a prendere parte anche Ayman al-Zawahiri, leader di al-Qaeda in seguito alla morte di Bin Laden, che si schiera apertamente dalla parte di al-Jawlani, invitando inoltre i due contendenti a superare ogni divisione per il bene dell'Islam. Al-Baghdadi si ribella, incredibilmente, all'autorità di al-Zawahiri: inoltre la maggior parte dei combattenti di al-Nusra, per una ragione o per un'altra, tradisce il proprio emiro al-Jawlani e passa nelle file del Califfato, consolidando il potere di Abu Bakr al-Baghdadi in Siria e in Iraq. Ayman al-Zawahiri, sconfitto, dissocia ufficialmente al-Qaeda dall'ISIS, affermando che tra le due organizzazioni non esiste alcuna connessione. I rapporti tra i due leader sono definitivamente spezzati. All'inizio del 2014 il nuovo Califfato ha un'estensione di quasi cento chilometri quadrati, area in cui al-Baghdadi crea il proprio *safe haven*, dove addestra i combattenti che vi confluiscono da tutto il mondo. Una nuova figura entra nella narrativa dei jihadisti salafiti: il *foreign fighter.*

La comunità internazionale è incerta sul nome da affibbiare a questa nuova, palesemente illegittima, entità. ISIS, Stato Islamico dell'Iraq e del al-Sham (ovvero il Levante) o altrimenti Stato Islamico dell'Iraq e della Siria, è il vocabolo di gran lunga più usato dai media ma si fanno strada, con il tempo, anche altri termini: IS (Stato Islamico), ISIL (Stato Islamico dell'Iraq e del Levante), QSIS (separatisti di al-Qaeda in Iraq e Siria) e

DAESH (una sigla proveniente dalla lingua araba che indica lo Stato Islamico in modo derisorio). Qui, per semplicità, utilizzeremo la sigla ISIS e i termini "Califfato" e "Stato Islamico". Al-Baghdadi organizza il Califfato come un vero e proprio Stato, con tanto di bandiera e capitale (Raqqa). Il sistema di governo è autocratico, con il Califfo (a suo dire legittimato da Allah) che detiene il potere assoluto affiancato da un consiglio. La legge è quella islamica, la *sharia*, ed è applicata da speciali tribunali, detti sciaraitici, che non esitano a pronunciare condanne a morte anche per i crimini più banali. La repressione, l'arbitrio e l'orrore sono i tratti di questa nuova realtà, in cui la violenza è intesa come strumento di potere assoluto, cioè sulla vita e sulla morte decisa insindacabilmente dai terroristi e dai militanti dell'ISIS. In questo modo lo Stato Islamico sta rapidamente crescendo tra i deserti e i fiumi del Levante, sotto gli occhi distratti di tutti i governi occidentali, che hanno ancora nel mirino al-Qaeda, ormai in declino.

La popolazione dei territori occupati dall'ISIS è obbligata a scegliere tra l'esecuzione di massa e il giuramento di fedeltà al Califfato: i più, ovviamente, scelgono la seconda opzione per avere salva la vita. Ma in molti casi (curdi, cristiani, sciiti) la popolazione non ha nemmeno questa scelta: le peggiori barbarie si consumano quotidianamente tra Siria e Iraq per mano di al-Baghdadi. Costringendo tutti i cittadini a pagare le tasse e sfruttando le risorse del territorio (principalmente i pozzi di petrolio), il Califfo finanzia il proprio esercito di *mujaheddin* intento a combattere su più fronti: contro l'esercito iracheno, contro i curdi, contro le forze governative di Assad, contro i ribelli siriani dell'Esercito Siriano Libero. Ed è proprio grazie al caos in Siria che l'ISIS riesce a consolidare il controllo sui territori conquistati e dominati con la violenza: da qui al-Baghdadi costruisce le basi di un sistema di propaganda che ispirerà la maggior parte degli attentati terroristici compiuti dai "lupi solitari".

5
IL TERRORISMO NEGLI ANNI DEL CALIFFATO

Dal vecchio al nuovo terrorismo

Analizzando gli attentati ispirati da al-Qaeda e quelli ispirati dall'ISIS, si notano grandi differenze tattiche e strategiche. L'organizzazione di Osama Bin Laden sembra preferire la 'qualità' alla 'quantità': un numero relativamente basso di attentati, ma molto spettacolari e letali. Gli attacchi alle Twin Towers, alle ferrovie di Madrid e alla metropolitana di Londra sono indicativi di questa strategia, che richiede la mobilitazione di gruppi 'militari' ben organizzati e la costruzione di complessi piani d'azione. Al contrario, il *modus operandi* dell'ISIS evidenzia una tendenza generalmente opposta: un alto numero di attentati, diffusi sul territorio, realizzato da uomini che agiscono individualmente. Esiste però un'altra differenza, che riguarda la diversa catena di comando tra attacchi "ispirati" e attacchi "comandati". Gli attacchi "comandati" sono quelli di al-Qaeda, in cui i massimi leader gestiscono tutte le operazioni (finanziarie, organizzative, militari, propagandistiche ecc.) dall'inizio alla fine: essi scelgono gli uomini, individuano gli obiettivi, provvedono con finanziamenti e forniscono la rete logistica. Al contrario, vi sono gli attacchi "ispirati" (la maggior parte di quelli dell'ISIS, l'eccezione più rilevante sono gli attacchi del 13 novembre 2015 a Parigi) , nei quali gli attentatori non sono diretti dal Califfo ma agiscono autonomamente, pur dichiarando pubblicamente le proprie simpatie per l'organizzazione stessa: in questo modo gli attacchi terroristici si decentralizzano e assumono un carattere del tutto imprevedibile.

Abu Bakr al-Baghdadi alimenta così, soprattutto via internet, un sistema di odio che in Occidente ispira le azioni di decine di violenti che non hanno alcun legame diretto con il Califfato. Le peggiori azioni (torture, stupri, esecuzioni) compiute nel Califfato vengono filmate, inserite in un contesto di propaganda jihadista e diffuse in tutto il mondo attraverso il web, che consente di raggiungere centinaia di proseliti che traggono ispirazione da questi video per progettare attentati. Ma, spesso, nessuno all'interno dell'ISIS conosce gli autori degli attentati, né i loro obiettivi e le loro azioni: il Califfato non offre loro nulla di più che l'ispirazione e una vaga 'legittimazione' religiosa, forse anche un senso da dare alla loro morte, in assenza di un senso da dare alle loro vite. Ciò non impedisce però all'ISIS di celebrare i "lupi solitari" come martiri, spingendo altri a seguire il loro esempio. Questi "lupi solitari" progettano e conducono attacchi in totale solitudine, senza essere sottoposti al controllo di alcuna organizzazione, e con metodi 'artigianali'. Essi escono dalle loro case con un coltello in mano, acquistano una pistola al mercato nero o utilizzano la loro macchina come un'arma: sono difficili da individuare, se non per le loro attività di propaganda online, perché spesso non comprano esplosivi e non hanno contatti 'fisici' con ambienti radicali. Sono schegge impazzite, frutto di una propaganda violenta che inneggia all'odio indiscriminato e, spesso, hanno problemi psichiatrici: in loro le percentuali di incidenza di schizofrenia ("*deliri, allucinazioni, pensiero disorganizzato...*"[87]), disturbo bipolare e disturbo delirante, come si evince in un articolo[88] di Emily Corner e Paul Gill, sono più alte rispetto alla media della popolazione. Così come è più alta la frequenza di gravi episodi depressivi nelle storie dei terroristi suicidi. Per trasformare queste problematiche psichiatriche e le difficoltà sociali (tendenza al sadismo e alla personalità antisociale) di questi uomini in uno strumento di morte, il Califfato fa uso del più potente mezzo di comunicazione mai esistito: internet.

Il viaggio del "foreign fighter"

Ma le strategie di comunicazione dell'ISIS non riguardano solo i "lupi solitari" che agiscono in solitudine in Occidente. Esse hanno una potente efficacia anche per il reclutamento di combattenti che, dall'Occidente, si trasferiscono in Siria e in Iraq. Attratti dalla propaganda del Califfato, aspiranti mujaheddin di tutto il mondo lasciano infatti il proprio Paese per raggiungere il Medio Oriente e arruolarsi nelle file dell'ISIS. Il fenomeno dei *foreign fighter* (i cosiddetti "combattenti stranieri") riguarda in particolare l'Europa tra il 2012 e il 2014: Francia, Belgio, Regno Unito e Germania sono i paesi che vedono numerosi cittadini decidere per la partenza verso il Califfato. La maggioranza dei *foreign fighter* sembra avere alcuni elementi in comune: un basso grado di istruzione, un'età inferiore ai trent'anni, l'essersi stabiliti recentemente nel Paese di partenza, nessun addestramento militare. Ma, a esclusione di queste caratteristiche, è difficile delineare una figura-tipo di *foreign fighter*, come espresso in un report[89] del Combating Terrorism Center di West Point. Qui si evince che quello dei *foreign fighter* è un fenomeno, per così dire, "contagioso": la maggioranza degli aspiranti combattenti partiti da una Nazione proviene dalla stessa città. Una volta a destinazione, i *foreign fighter* – che generalmente volano fino in Turchia per poi passare clandestinamente il confine con la Siria – sono addestrati nei campi del Califfato e schierati come veri e propri soldati. Più raramente, assumono ruoli di leadership o si rendono disponibili per attentati suicidi. La maggioranza dei *foreign fighter* ritorna infine nel proprio Paese di partenza dopo non più di un anno passato nelle file dell'ISIS, costituendo una grossa fonte di pericolo per l'Occidente, come testimonia il caso di Mehdi Nemmouche.

Mehdi Nemmouche nasce in Francia nel 1985: come avviene a molti *homegrown terrorist*, anche la sua gioventù è segnata da episodi di piccola criminalità (furti e rapine che lo condurranno in carcere nel 2007, dove si radicalizza). Uscito di prigione, alla fine del 2012 inizia la sua carriera di *foreign fighter* e terrorista viaggiando fino in Siria. Qui l'ISIS decide di non mandarlo sul campo di battaglia ma di impiegarlo nella sorveglianza di alcuni ostaggi occidentali rapiti dal Califfato, tra cui il giornalista francese Nicolas Hénin. È proprio lui che, una volta liberato, racconterà[90] che Nemmouche, conosciuto anche con il soprannome di "Abu Omar il picchiatore", percuoteva e torturava frequentemente i prigionieri che sorvegliava. Secondo i racconti del reporter, Nemmouche si sarebbe addirittura vantato di aver stuprato una donna, prima di tagliarle la gola e decapitare il suo bambino (atto mai verificato). Ma Nemmouche non muore in Siria, né vi rimane per sempre: al contrario ritorna in Europa a marzo 2014, determinato a condurre un attentato. Ed è proprio con il suo attacco al Museo Ebraico di Bruxelles che il problema dei *foreign fighter* inizia a destare attenzione.

Il giovane di origine francesi fa irruzione nell'edificio il 24 maggio armato di un AK-47, facendo fuoco a breve distanza sulle prime persone che gli capitano a tiro. Le telecamere lo riprendono – con camicia azzurra, berretto e borsone nero – mentre sorpassa l'ingresso, svuota il caricatore contro i presenti, ricarica l'arma, svuota un secondo caricatore e si allontana nascondendo il fucile d'assalto. Alle sue spalle sette persone rimangono a terra: tre morti e quattro feriti, di cui uno gravissimo che morirà due settimane dopo. Le vittime sono due turisti provenienti da Israele, una guida volontaria del Museo e un impiegato. Nemmouche viene arrestato il 30 maggio, quasi per caso, in un controllo antidroga di routine, dopo aver percorso più di mille chilometri ed essere giunto a Marsiglia. Quando gli agenti francesi aprono i suoi bagagli, per ispezionarli, trovano al suo interno un Kalashnikov, un revolver, una GoPro (con il quale avrebbe tentato senza successo di filmare il suo attentato), una fotocamera, una veste bianca e varie munizioni. Il suo processo inizia, insieme a quello del suo fornitore di armi, soltanto cinque anni dopo, nel 2019. Se condannato, vi sarà l'ergastolo ad aspettare Mehdi Nemmouche.

Ma, prima che si chiuda il 2014, altri due Paesi, agli estremi opposti del planisfero, devono affrontare episodi di terrorismo: Canada e Australia.

Gli attacchi al Canada e all'Australia

Il 20 ottobre 2014, Martin Couture-Rouleau è a bordo della sua vecchia macchina nella città di Saint-Jean-sur-Richelieu, in Canada, e guarda insistentemente attraverso i cristalli due uomini a poca distanza da lui. Uno di essi indossa un'uniforme delle forze armate canadesi. Dopo quasi due ore di attesa, in cui le sue mani stringono sempre più nervosamente il volante, Couture-Rouleau ingrana la marcia e, partendo alla massima velocità, si dirige verso i due bersagli. Gli uomini non hanno nemmeno il tempo di accorgersi di ciò che sta accadendo che vengono immediatamente investiti dall'auto e dalla sua potente energia cinetica. Uno di loro (Patrice Vincent) morirà in ospedale, l'altro sopravvive. Couture-Rouleau si dà alla fuga lungo una strada di campagna, immediatamente pedinato dalle auto della polizia allertate dai testimoni dell'attentato. L'inseguimento termina quando il terrorista perde il controllo della sua auto e, capovolgendosi, esce di strada per finire in un fosso. Ma, se l'incidente basta a fermare la corsa dell'auto, non basta a fermare la volontà di uccidere del terrorista che, illeso, esce dal finestrino brandendo un coltello e assalta gli agenti che lo inseguono. Prima che possa uccidere di nuovo, viene colpito da sette proiettili e si accascia sulla strada, dove muore. Dalle indagini compiute dopo l'attentato risulta che l'uomo era già noto alla polizia per aver tentato di raggiungere la Siria e per le sue attività di propaganda jihadista sui social network. Su Facebook, in particolare, Martin Couture-Rouleau, convertitosi all'Islam nell'aprile 2013, pubblicava frequentemente commenti a favore dello Stato Islamico, con toni antisemiti e antiamericani. Gli agenti, dopo il tentato viaggio in Siria per raggiungere il Califfato, avevano incontrato il venticinquenne più volte, per tentare – evidentemente senza successo – di distoglierlo dalle ideologie radicali. L'ultimo incontro era avvenuto undici giorni prima dell'attentato.

Appena due giorni dopo, un altro uomo, Michael Zehaf-Bibeau, si rende protagonista di un episodio simile sempre in Canada, questa volta nella capitale. Il 22 ottobre Bibeau parcheggia la sua auto nelle vicinanze di un memoriale per le vittime di guerra, intorno alle dieci di mattina: il terrorista è già stato in quel posto, per studiare il suo piano, circa due settimane prima, quando aveva prenotato ed effettuato una visita guidata. Bibeau ha ben chiaro cosa fare. Si avvicina al memoriale, alza il suo fucile e mira in mezzo alle scapole di una delle guardie d'onore. Quando parte il colpo, il rumore è assordante: la guardia, Nathan Cirillo, un ventiquattrenne padre di un figlio di cinque anni, viene colpito e scaraventato a terra. Ancora cosciente, il militare tenta, strisciando e trascinandosi con le braccia, di scappare dalla furia omicida dell'uomo che si avvicina alle sue spalle. Bibeau prende nuovamente la mira e spara un altro colpo nella schiena di Nathan Cirillo. Anche questo non è fatale. Poi, dopo un terzo colpo, la guardia giace senza vita davanti al memoriale, mentre Bibeau è già lontano e guida veloce verso il suo obiettivo successivo: il governo. Quando il terrorista entra armato nell'edificio centrale del Parlamento canadese, si scatena il caos. Bibeau deve prima confrontarsi con una guardia disarmata all'ingresso, a cui spara a una gamba, per poi affrontare l'ingente numero di addetti alla sicurezza del Parlamento, mentre i politici si barricano nelle loro stanze. Il terrorista non ha alcuna possibilità di uccidere un membro del governo e l'azione termina con la sua morte, per mano della sicurezza, prima che abbia la occasione di ferire altre persone. Nel suo video di martirio, registrato qualche giorno prima, Bibeau, considerato mentalmente instabile da alcuni suoi amici, afferma che il suo attentato è la risposta alla politica di intervento in Iraq e in Afghanistan del governo canadese.

Un altro terrorista agisce a Sidney dieci giorni prima di Natale: si tratta di Man Haron Monis. Cittadino australiano di origini iraniane, Monis entra il 15 dicembre in un bar dell'azienda Lindt verso le dieci del mattino, estrae un'arma e prende in ostaggio diciotto persone. È l'inizio di una crisi che durerà ben sedici ore. Il terrorista dichiara di essere un rappresentante dello Stato Islamico, minaccia i propri ostaggi e li costringe a recarsi verso le finestre portando una bandiera nera con una scritta in arabo. Lo stendardo, che viene erroneamente scambiato per una bandiera dell'ISIS dai giornalisti radunatisi intorno al caffè, reca la Shahadah: la professione di fede islamica. Le richieste di Monis sono tre: una telefonata con il Primo Ministro trasmessa dai media, la dichiarazione governativa che il suo è un atto di terrorismo per conto dello Stato Islamico e la consegna di una bandiera dell'ISIS sul luogo dell'assalto. Le azioni e le richieste del terrorista sono piuttosto confuse: sembra pertanto che il suo atto sia dettato più da problematiche di carattere psichiatrico che dall'appartenenza al Califfato. La crisi si risolve soltanto verso le due di notte, con l'irruzione da parte della polizia. Nel blitz perdono la vita tre persone: Tori Johnson, ucciso a sangue freddo da Monis con un colpo alla testa, Katrina Dawson, vittima della sparatoria, e il terrorista. Nelle ore precedenti alcuni ostaggi erano riusciti a fuggire dalle porte di sicurezza correndo tra le braccia dei poliziotti che aspettavano pazientemente fuori. L'attentato di Sidney è il terzo caso, in pochi mesi, in cui un "lupo solitario" colpisce il proprio Paese.

La propaganda sul web

"Il mio nome è David Cawthorne Haines", così si rivolge alla telecamera un cittadino inglese prigioniero dell'ISIS in un video diffuso dallo stesso Califfato, *"e voglio dichiarare che ritengo te, David Cameron, interamente responsabile della mia esecuzione"*[91]. La vittima, obbligata a pronunciare il suo discorso, è filmata inginocchiata in mezzo al deserto mentre indossa una tuta arancione. Sullo sfondo, il cielo azzurro senza

l'ombra di una nuvola fa da contrasto all'uomo che sta al suo fianco, vestito di nero dalla testa ai piedi, brandendo minaccioso un coltello. Il video, ennesima produzione della macchina propagandistica del Califfato, termina con l'orrenda decapitazione del cittadino inglese.

Dal giorno della sua fondazione, l'ISIS si avvale di una propaganda aggressiva e martellante, che usa i nuovi mezzi di comunicazione: siti web, social network, forum, chat. I materiali di propaganda del Califfato sono di diverse tipologie (testi, video, foto, messaggi audio) e mirano a raccontare la propria "versione dei fatti" ai musulmani nel mondo. Tra i tanti scopi della campagna di comunicazione dell'ISIS, che colpisce soprattutto i giovani in Occidente, alcuni in particolare meritano di essere trattati. Come risulta da una ricerca[92] per l'International Centre for Counter-Terrorism (ICCT), l'ISIS aspira, attraverso i media, a creare una forte immagine di sé, sicura e indistruttibile, presentando una visione utopica del Califfato e screditando gli altri gruppi jihadisti. Come già fatto da Abu-Musab al-Zarqawi, anche al-Baghdadi alimenta il conflitto tra sunniti e sciiti, mentre nobilita l'idea del *jihad* offensivo e costruisce un'ampia propaganda sulla necessità della violenza per la vittoria dell'Islam sull'Occidente e su Israele. Ma la vera novità, che riflette "l'internazionalizzazione" dell'ISIS e la sua volontà di estendere in lungo e in largo gli attacchi terroristici in Occidente, consiste nei messaggi rivolti in particolare ai musulmani che vivono nei Paesi non islamici: al-Baghdadi, come al-Awlaki, inneggia più volte alla presunta incompatibilità tra l'essere "veri" musulmani e la vita in una Nazione "nemica dell'Islam". In questo modo l'ISIS invita tutti coloro che amano Allah a viaggiare fino al Califfato o ad attaccare i governi occidentali.

L'ISIS utilizza il web anche per altri tre, fondamentali, fini: l'indottrinamento ideologico a sfondo religioso, l'addestramento militare e la celebrazione del martirio. Attraverso vari strumenti di messaggistica e i forum, i membri attivi del Califfato possono guidare, indottrinandoli, i giovani musulmani sulla via della radicalizzazione, senza la necessità di avere contatti fisici, e trasformandoli, alla fine, in terroristi. Ma non solo: l'ISIS produce e dissemina centinaia di video e guide in cui si spiega a questi stessi terroristi come condurre gli attentati: tattiche, consigli, armi, tutorial, ricette per fabbricare bombe. In pratica, li addestra da remoto. Infine, lo Stato Islamico non esita a rivendicare ogni attacco e a celebrare pubblicamente colui o coloro che lo hanno effettuato, ispirando le azioni di altri: l'imitazione è un fattore fondamentale che spinge all'azione e l'ISIS dimostra di sfruttare questo fattore nella sua propaganda.

"Vendicheremo il Profeta": gli attacchi a Charlie Hebdo e a Copenaghen

Il 7 gennaio 2015, intorno alle 11.30, due uomini vestiti di nero (i fratelli Saïd e Chérif Kouachi, francesi di origine algerina), con giubbotti antiproiettili, passamontagna calati sul viso e due AK-47 tra le mani, fanno irruzione nella redazione della rivista *Charlie Hebdo* a

Parigi, undicesimo distretto. A difendere la sede del giornale satirico vi sono solamente il custode e un poliziotto in funzione di guardia del corpo del direttore: il primo all'ingresso e il secondo, armato, nella sala riunioni. I terroristi entrano con i fucili spianati e freddano il custode, costringendo poi un'impiegata a condurli agli uffici e a digitare la combinazione per aprire la porta di sicurezza. I due fratelli entrano nella sala riunioni urlando "Allahu Akbar" e intimano di non muoversi. La guardia del corpo tenta di raggiungere la sua arma ma viene fermato dai proiettili 7,62 millimetri. Alcuni giornalisti e disegnatori, tra cui la scrittrice Sigolène Vinson, terrorizzati, si nascondono sotto le scrivanie mentre altri, paralizzati, fissano con occhi sbarrati la morte. Uno dei due fratelli inizia a leggere a voce alta alcuni nomi: chi risponde viene freddato. Così, oltre al poliziotto e al custode, altre nove persone giacciono senza vita nell'edificio: prima di lasciare la stanza ormai colma di cadaveri, Saïd Kouachi scorge Sigolène Vinson sotto una scrivania. Sarà la stessa scrittrice a raccontare al *Guardian* le scene successive: *"L'ho visto. Aveva dei grandi occhi neri e uno sguardo gentile"*[93]. Sempre secondo il racconto della donna, Saïd si accorge di lei e tenta di tranquillizzarla, confidandole che la risparmierà e affermando che lui e suo fratello non uccidono le donne. Ma nella stanza accanto, tra i nove corpi, vi è anche quello di Elsa Cayat, una psichiatra e cronista del giornale.

"Abbiamo vendicato il Profeta Maometto"[94], urlano i due una volta usciti dall'edificio. Dopo aver messo in moto il loro veicolo, percorrono pochi metri prima di

vedersi sbarrata la strada da una volante della polizia che sopraggiunge a sirene accese. Frenata di colpo la macchina e aperti subito gli sportelli, che usano come copertura, i due terroristi sparano contro il parabrezza dell'auto della polizia, costringendo gli agenti a inserire la retromarcia e a liberare la strada, lascinado dunque ai due terroristi strada libera per ripartire in auto. Più tardi, sempre durante la fuga, i fratelli Kouachi sono ostacolati anche da un altro poliziotto (Ahmed Merabet), che gli ordina di fermarsi. I due, dopo averlo ferito, scendono dal veicolo e si avventano su di lui che giace sul marciapiede, disarmato. Incuranti delle sue mani alzate in segno di resa, lo uccidono a distanza ravvicinata, portando così il numero delle vittime a 12 e prolungando, seppur per poco, la loro fuga. La caccia delle forze dell'ordine si protrae a lungo e si conclude solo due giorni dopo, quando i fratelli Kouachi vengono individuati in un edificio in Dammartin-en-Goële (trentacinque chilometri a Nord-Est di Parigi) e circondati dalle forze speciali. La loro intenzione è chiara: non vogliono arrendersi ma morire da martiri. E così, il pomeriggio del 9 gennaio, i terroristi trovano la morte per mano della polizia francese.

Mentre la polizia si concentra sugli attentatori della sede di *Charlie Hebdo*, un terzo terrorista, Amedy Coulibaly, rimane libero di condurre i suoi attacchi proprio negli stessi giorni in cui i fratelli Kouachi compiono il loro attentato e cercano la fuga. Dopo aver ferito un uomo che fa *jogging* con un'arma da fuoco (7 gennaio) e ucciso un'agente di polizia (8 gennaio), il 9 gennaio prende in ostaggio 19 persone in un piccolo supermercato di Parigi, frequentato principalmente da ebrei[95], minacciando di ucciderli se i fratelli Kouachi non vengono lasciati liberi di andarsene. Tra gli ostaggi, riferisce l'*Indipendent*, vi è un uomo che si identifica come André. Ai giornalisti racconta di aver parlato con Coulibaly, che gli avrebbe detto: *"Capisci cosa sto facendo e perché lo sto facendo? Sono qui perché il Profeta me lo ha ordinato. Sono qui per fermare la guerra nei Paesi arabi. Non è colpa mia. Devo farlo. Non ho nulla di personale contro di voi"*[96]. Il terrorista è armato fino ai denti (due AK-47, due pistole, un coltello e dinamite) ed è dotato anche di una GoPro con cui filma e mette online i momenti dell'assalto. Anche questo assedio si conclude con l'irruzione delle forze speciali (in contemporanea con il blitz contro i fratelli Kouachi) che, aprendosi la strada con flash bang ed esplosivi, uccidono Koulibaly. Quattro ostaggi sono ritrovati senza vita, gli altri vengono salvati.

Non passa molto tempo che viene svelato il passato dell'attentatore. Il copione sembra ripetersi: episodi di piccola criminalità, violenze, un continuo via vai dalla prigione. Ed è proprio in cella che Coulibaly si radicalizza, incontrando un reclutatore di al-Qaeda (Djamel Beghal), in stretto contatto anche con i fratelli Kouachi. Ma, come emerge dal suo video di martirio e da un'intervista telefonica che rilascia durante la presa degli ostaggi, Coulibaly effettua i suoi attacchi per conto dell'ISIS, a cui giura fedeltà. Nello stesso video dichiara di aver agito in accordo con gli attentatori di *Charlie Hebdo* (una dichiarazione mai verificata) e che le sue azioni sono la legittima risposta alla guerra dell'Occidente al Califfato.

L'attacco dei fratelli Kouachi, che pare abbiano incontrato al-Awlaki in Yemen nell'estate del 2011, è invece rivendicato da AQAP in un video: *"Noi, al-Qaeda nella Penisola arabica, ci assumiamo la responsabilità di questa operazione, effettuata per vendicare il Messaggero di Allah. I leader di AQAP hanno scelto il bersaglio e progettato e finanziato il piano, seguendo gli ordini del nostro capo Ayman al-Zawahiri. Oggi i mujaheddin hanno vendicato il loro illustre Profeta"[97]*. La sede di *Charlie Hebdo* non è stata scelta casualmente. Il giornale satirico aveva infatti, in passato, più volte pubblicato vignette e caricature del profeta Maometto.

La pubblicazione di vignette satiriche su Maometto è all'origine di un altro attentato, che ha luogo la sera del 14 febbraio 2015 a Copenaghen. In un bar della capitale è in corso un incontro pubblico proprio sulla libertà di espressione, a cui partecipano Lars Vilks, un'artista svedese autore di caricature del Profeta, e l'ambasciatore francese, quando cominciano a volare le prime pallottole contro la vetrata della sala. A sparare, gridando "Allahu Akbar", è Omar Abdel Hamid El-Hussein. Nella sala si scatena il caos che impedisce ai molti agenti presenti di rispondere immediatamente al fuoco. Lars Vilks, il vero destinatario dell'attacco, rimane illeso, protetto dalla sua guardia del corpo. A morire è invece un regista della televisione danese, Finn Norgaard. L'attentatore riesce a fuggire e si dirige verso la principale sinagoga della città, dove un centinaio di ebrei stanno festeggiando il Bar Mitzvah, protetti dalla polizia che ha intensificato le misure di sicurezza. Ciò non impedisce a El-Hussein di uccidere il guardiano della sinagoga, dopo aver ferito due agenti. Infine, di prima mattina, la polizia uccide in una sparatoria il terrorista ventiduenne, un *"bravo studente"*, *"talento della kickboxing"* che *"aveva sofferto di ansia e consumato cannabis"*[98], come riporta il *Guardian*.

Il terrore a Parigi

Il 21 agosto è di nuovo la Francia a essere vittima di un tentato attacco. Il bersaglio è ancora una volta un treno ad alta velocità, che questa volta viene attaccato da un singolo uomo con armi da fuoco e armi bianche. Il terrorista è Ayoub El-Khazzani che, secondo le successive indagini, ha stretti legami con l'ISIS e la cui azione viene fermata grazie alla resistenza di alcuni passeggeri del treno. Spencer Stone, Alek Skarlatos e Anthony Sadler, tre americani, si avventano infatti sull'attentatore non appena egli estrae le armi e, incuranti delle ferite di coltello ricevute e della minaccia dei proiettili, riescono a renderlo inoffensivo, anche grazie all'intervento di un cittadino inglese, Chris Norman. Insigniti della Legione d'Onore (l'onorificenza più alta della Repubblica francese), questi uomini hanno impedito un probabile massacro, fermando la conta dei morti a zero e quella dei feriti a tre.

Ma la Francia deve ancora passare attraverso giorni bui. A Parigi la sera del 13 novembre 2015, quando è in programma l'attesissima amichevole di calcio tra Francia e Germania, una cellula terroristica, formata da alcuni ex *foreign fighter* e diretta dallo Stato Islamico, si prepara a portare a termine l'attentato terroristico più grave, in Europa, degli ultimi dieci anni. La cellula è formata da otto uomini (più un coordinatore che non prende parte alle operazioni) che, divisi in tre piccoli gruppi, lanciano una serie di attacchi coordinati il cui esito drammatico determinerà 130 vittime e quasi 500 feriti. Alle 21.20, all'esterno dello Stade de France, dove circa ottantamila persone sono riunite ad assistere alla partita, hanno luogo tre attacchi esplosivi suicidi: due a differenti ingressi dello stadio e uno a un fast food poco distante. Dentro lo stadio, dove è presente anche il Presidente francese, si ode un forte boato e, per un momento, i giocatori si fermano. Ma la partita continua e deve continuare se non si vuole che ottantamila persone si riversino all'esterno dove potrebbero esserci altre minacce. Oltre ai tre terroristi che indossano le vesti esplosive, perde la vita soltanto una quarta persona. Mentre le autorità francesi tentano di organizzare una reazione, due fratelli (Brahim e Salah Abdeslam), che si spostano su una Seat nera, assaltano con fucili e pistole alcuni bar e ristoranti tra il decimo e l'undicesimo arrondissement. Centinaia di francesi che stanno passando una piacevole serata con la famiglia o con gli amici si ritrovano improvvisamente dentro una pioggia di proiettili. *"Il primo suono che sento è come il rombo di un motore. Non puoi pensare che qualcuno stia sparando con un'arma automatica sotto casa tua"*[99], racconta un testimone che ha assistito a uno degli attacchi dalla finestra della sua casa. I terroristi si fermano in tre differenti punti e svuotano caricatori su caricatori contro i frequentatori dei bar e dei ristoranti, provocando ventinove vittime. Alla fine della corsa, Brahim Abdeslam indossa la sua veste esplosiva e si fa esplodere mentre suo fratello, Salah Abdeslam, forse per puro istinto di sopravvivenza, decide di non suicidarsi e si dà alla fuga.

L'atto più disastroso di questa terribile serata ha però luogo al teatro Bataclan dove, davanti a 1500 persone, sta suonando il gruppo americano "Eagles of Death Metal". Tre terroristi di nazionalità francese (Ismael Mostefai, Samy Amimour e Foued Mohamed-Aggad) si fanno strada dentro la sala principale, sparando a chiunque gli capiti a tiro. Con la musica altissima e il locale affollato, molti spettatori non si rendono subito conto di essere in mezzo a un attacco. Una parte dei presenti riesce a fuggire dalle uscite di sicurezza, come si vede in un video[100] di Daniel Psenny (giornalista di Le Monde) che mostra masse di persone urlanti, ferite e spaventate a morte. Altre persone, meno fortunate, rimangono all'interno del teatro: senza vita, ferite, nascoste o come ostaggio dei terroristi. *"Ho visto delle persone armate entrare nella sala e, con totale disinvoltura, sparare su gente a caso"[101]*, racconta uno dei presenti in platea, nel documentario di produzione Netflix che raccoglie le testimonianze di quella notte. Mentre tutto ciò accade, alcuni testimoni vedono Abdelhamid Abaaoud, il coordinatore della cellula, poco distante dal Bataclan intento a dare ordini, attraverso gli auricolari, ai propri uomini all'interno. Dopo la presa degli ostaggi, l'assedio si protrae per circa tre ore al termine delle quali le forze speciali francesi, comprendendo che i terroristi sono intenzionati a uccidere tutti, fanno irruzione nella platea al pian terreno. *"Fin dalla prima telefonata il negoziatore ha detto: non otterremo nulla, non si arrenderanno, né libereranno gli ostaggi"*[102], riferisce il capo delle Brigades de Recherche et d'Intervention (le forze speciali francesi) nel documentario sopra citato. *"C'erano corpi, persone nascoste in ogni angolo e in ogni fessura, telefoni che vibravano, e sangue, tantissimo sangue"*[103], testimonia un altro agente. Due terroristi si barricano al piano superiore con altri ostaggi e la polizia, dopo un'ora, decide di provare a stanarli: lo scudo balistico dietro cui si riparano i primi poliziotti viene colpito da quasi trenta proiettili e uno degli attentatori, comprendendo di essere perduto, innesca la sua veste esplosiva. In totale, oltre ai tre terroristi, perdono la vita altre 90 persone.

Lo Stato Islamico rivendica l'attacco attraverso un testo che rimbalza nei suoi canali di comunicazione e che avverte: *"Questo attacco è il primo di una tempesta ed è un avvertimento per coloro che vogliono imparare la lezione"*[104]. Il Presidente della Repubblica francese, François Hollande, proclama immediatamente lo stato d'emergenza, blinda i siti web a rischio terrorismo e ordina alla polizia di intensificare i raid antiterrorismo in tutto il Paese (ne verranno compiuti centinaia nei giorni successivi). *"Non siamo impegnati in una guerra tra civiltà, perché questi assassini non rappresentano nessuna civiltà. Siamo impegnati in una guerra contro il terrorismo, il jihadismo, che minaccia il mondo intero"*, dichiara lo stesso Hollande: *"Il terrorismo non distruggerà la Francia poiché sarà la Francia a distruggere il terrorismo"*[105]. Già due giorni dopo l'attentato, gli aerei da combattimento dell'aereonautica francese ricevono l'ordine di bombardare pesantemente Raqqa, il centro nevralgico del Califfato. Il 18 novembre agenti del Groupe d'Intervention de la Gendarmerie Nationale (le forze speciali antiterrorismo) circondano un appartamento a Saint-Denis dove, secondo i servizi segreti, si trova Abdelhamid Abaaoud. Dopo violenti scontri (gli uomini asserragliati fanno detonare anche una veste esplosiva), la polizia fa finalmente irruzione e tra i corpi viene ritrovato anche quello del capo della cellula di Parigi. Ma le piste rintracciate dai servizi di informazione portano fuori dalla Francia e giungono fino in Belgio, in un quartiere di Bruxelles (Molenbeek-Saint-Jean) dove Abdelhamid Abaaoud sembra avere molti complici. In una casa di Molenbeek, circa quattro mesi dopo, viene arrestato Salah Abdeslam, l'unico, tra i nove terroristi, ancora in vita. Intanto, poco distante, altri terroristi stanno pianificando un violento attentato in Belgio, che avrà luogo poco tempo dopo quello di Parigi.

Sulla pista di Bruxelles

Prima ancora di arrivare all'attentato di Bruxelles, un altro episodio di terrorismo ha luogo a San Bernardino il 2 dicembre 2015, in California, dove una coppia di coniugi perpetrano un attacco contro un centro per disabili, al cui interno è in corso un banchetto con circa ottanta invitati. L'uomo, Syed Rizwan Farook, radicalizzato dopo l'ascolto dei discorsi di Anwar al-Awlaki, entra nell'edificio dove lavora da tempo e, dopo aver chiacchierato con i colleghi e posato per alcune fotografie, abbandona un dispositivo esplosivo che ha costruito seguendo le istruzioni della rivista *Inspire* di AQAP. Fortunatamente, però, la bomba non esplode. Ciò non impedisce all'uomo di ritornare in loco insieme alla moglie, Tashfeen Malik, e di sparare contro i presenti, uccidendo 14 persone e ferendone 22. La fuga della coppia su un SUV termina con la loro morte quando, fermati dalla polizia, rifiutano di arrendersi e sparano sugli agenti. Durante l'attentato Malik pubblica un post su Facebook in cui stringe alleanza con il leader dell'ISIS e il gruppo terroristico, più tardi, definisce la coppia come due *supporters*[106].

Un attentato organizzato e diretto dal Califfato è invece quello che ha luogo a Bruxelles il 22 marzo 2016. La mattina di quel giorno tre uomini salgono su un taxi, diretti all'aeroporto, portando con loro tre grandi zaini riempiti di esplosivo TATP. Nel veicolo non c'è però spazio per tutte e tre le sacche e una viene quindi lasciata nell'appartamento, che funge da base di partenza per i tre terroristi: Ibrahim el-Bakraoui, Najim Laachraoui e Mohamed Abrini (gli ultimi due sono ricercati per il loro ruolo di supporto negli attentati di Parigi). I tre uomini sono ripresi dalle telecamere di sorveglianza mentre spingono i loro carrelli nel gate principale dell'aeroporto. Ciò che succede dopo che Mohamed Abrini si allontana lo racconta Andrew Brandt, in un articolo del settimanale newyorkese *Time*: *"Abbiamo sentito come un'onda, la senti in tutto il corpo, è come se fossi in acqua e qualcuno ci salta dentro e senti quell'onda"*. Ciò di cui parla il testimone è l'onda d'urto dell'esplosione. Ibrahim el-Bakraoui e Najim Laachraoui innescano le loro bombe, causando sedici morti. Circa un'ora dopo, il fratello di Ibrahim (Khalid el-Bakraoui) entra con un ordigno su un treno nella stazione della metropolitana di Maelbeek, vicina ad alcuni uffici dell'Unione Europea. In seguito all'esplosione, anche qui le vittime accertate sono sedici, portando quindi il totale a trentadue. I feriti sono più di trecento. La tensione in molti Paesi europei è altissima. L'Europa non è però l'unico bersaglio del Califfato, anche gli Stati Uniti sono destinati a soffrire.

Una notte a Orlando

L'influenza della propaganda globale dell'ISIS è dirompente. Ovunque emergono fanatici che, ispirati dai siti web dello Stato Islamico, colpiscono bersagli impossibili da prevedere. Alle ore due del 12 giugno 2016 un'allegra serata latina del locale Pulse a Orlando, Florida, si trasforma in un incubo per i partecipanti e gli organizzatori. L'accogliente atmosfera della discoteca – le cui serate sono rivolte principalmente a uomini e donne omosessuali – fatta di musica, luci, balli e drink, è sconvolta dall'entrata in scena di Omar Mateen, un ventinovenne newyorkese di origini afghane. *"I veri musulmani non accetteranno mai lo stile di vita osceno degli occidentali"*[107], scrive in un post su Facebook durante l'attentato. Mateen, armato di una pistola e di un fucile d'assalto AR-15 legalmente acquistati, fa irruzione nel locale al cui interno si trovano poco più di trecento persone. Alle prime luci dell'alba un terzo di loro sarà a terra: il bilancio finale è di quarantanove morti e cinquantacinque feriti. Il terrorista sfrutta la confusione creata dalla musica ad alto volume e dalle luci stroboscopiche per scaricare caricatori su caricatori contro uomini e donne che, all'inizio, faticano a rendersi conto di cosa sta accadendo: molti confondono il suono degli spari con il ritmo della canzone. Ci vuole qualche minuto prima che tutti quanti, nel locale, si accorgano che la serata di festa si è trasformata in un attentato alle loro vite. Alcuni fuggono, altri si riparano nei bagni o negli uffici, a volte nascondendosi sotto i cadaveri per sfuggire all'attenzione dell'attentatore che si aggira per il locale alla ricerca di persone da uccidere. Omar Mateen viene coinvolto in un breve scontro a fuoco con un agente fuori servizio ma, illeso, continua la sua carneficina.

Alle 2.09 i gestori della discoteca postano sulla pagina Facebook: *"Uscite tutti quanti dal Pulse e allontanatevi di corsa"[108]*. In un articolo[109] della *CNN* possiamo leggere i messaggi strazianti tra Eddie Jamoldroy Justice, un trentenne nascosto in un bagno, e la madre: *"Ti voglio bene mami"*, scrive lui, *"Stanno sparando nel locale - Sono intrappolato nel bagno - Chiama la polizia - Morirò"*. La madre gli risponde: *"Li sto chiamando - Sei ancora lì? - Rispondi al telefono - Chiamami - Chiamami"*. E lui: *"Chiamali mami - Adesso - Sono ancora in bagno - Lui sta arrivando - Sto per morire"*, poi nient'altro. Eddie Jamoldroy Justice sarà una delle quarantanove vittime dell'attentato. Una trentina di persone rimangono intrappolate dentro il locale, per la maggior parte rinchiuse in bagno. Omar Mateen li prende come ostaggi mentre, in diverse chiamate al 911, dichiara le sue simpatie per lo Stato Islamico e comunica che il suo attentato è in risposta alla politica americana di bombardamenti contro l'Iraq e la Siria. *"Giuro fedeltà ad Abu Bakr al-Baghdadi dello Stato Islamico"*, dice in una telefonata e aggiunge più tardi: *"Nei prossimi giorni vedrete accadere altre azioni di questo tipo"*[110]. Alle cinque del mattino una squadra d'assalto speciale fa irruzione nel Pulse, dopo aver fatto detonare una carica per distrarre l'attentatore e aprendo una breccia nel muro con un veicolo corazzato. Gli agenti camminano tra i corpi urlando: *"Se siete vivi, alzate le mani"*[111]. Tutto intorno i cellulari suonano come impazziti per le telefonate e i messaggi di amici e parenti preoccupati. Il terrorista finisce nel mirino di uno degli assaltatori e perde la vita raggiunto dai proiettili.

Dopo l'attentato, la sua ex moglie comunica alle autorità che Omar Mateen soffriva di bipolarismo e abusava spesso di lei: si scopre inoltre che faceva abituale uso di steroidi[112], di cui uno degli effetti collaterali è proprio l'oscillazione dell'umore. Mateen è il classico esempio di "lupo solitario": nato e cresciuto nel Paese in cui ha effettuato l'attentato, privo di veri legami con l'organizzazione a cui dichiara di appartenere (l'unica strada che lo collega all'ISIS è la telefonata che lui stesso ha effettuato al 911 durante l'attentato e i suoi post su Facebook), radicalizzatosi online e probabilmente affetto da disturbi psichiatrici.

Un nuovo strumento di morte: i camion

Il 14 luglio 2016 a Nizza, come in tutta la Francia, hanno luogo le annuali celebrazioni della Festa Nazionale. Mohamed Lahouaiej-Bouhlel, tunisino residente in Francia, ha però la feroce intenzione di trasformare il giorno di festa in un incubo per tutta la folla riunita sul lungomare nizzardo, la Promenade des Anglais. Lahouaiej-Bouhlel è tutto fuorché un musulmano praticante: fa frequente uso di droghe, ama gli alcolici, non esita a mangiare carne di maiale e non prega. Quando prende la decisione di uccidere persone innocenti in un attentato terroristico, è in corso di separazione dalla moglie che lo ha accusato di abusi e violenze. Il 4 luglio Lahouaiej-Bouhlel prenota un autocarro bianco Renault Midlum con impianto di refrigerazione e, due giorni prima dell'attentato, viene visto sul camion bianco aggirarsi per la Promenade des Anglais. L'attentato è dunque pianificato con cura e freddezza.

Il 14 luglio, quando migliaia di persone sono riunite sul lungomare per osservare il meraviglioso spettacolo dei fuochi artificiali, Lahouaiej-Bouhlel indirizza il suo camion contro le esili barriere che impediscono l'accesso all'area pedonale. Le barriere sono subito travolte e il camion entra nella zona pedonale: è l'inizio di una folle corsa che si concluderà solo due chilometri più avanti. Il terrorista guida lentamente, zigzagando, per assicurarsi di investire più persone possibili nella folla che si accalca per cercare una via di fuga. Nel frattempo, spara ai poliziotti che, invano, tentano di fermarlo sparandogli. Un motociclista si affianca all'abitacolo del camion e tenta di neutralizzare il terrorista, da cui però viene ferito. Tutti i presenti, attoniti, vedono un camion bianco passare in mezzo alla folla, colpendo, investendo e schiacciando corpi che poi giacciono senza vita lungo la strada. In questo modo, Mohamed Lahouaiej-Bouhlel investe più di trecento persone, di cui ottantasei perderanno la vita, prima di essere raggiunto da un proiettile sparato dalla polizia. Il parabrezza del camion, costellato di buchi, e il paraurti sporco di sangue sono l'immagine della sofferenza della Francia. Dopo l'attentato gli investigatori trovano nel camion finte bombe a mano e, nel computer del terrorista, materiale di propaganda dell'ISIS. Sia al-Qaeda, tramite la sua rivista *Inspire*, che l'ISIS rivendicano l'attacco, ma un vero e proprio legame dell'uomo, che probabilmente ha agito in totale autonomia, con uno dei due gruppi non è mai emerso.

La sofferenza della Francia non è terminata. Quattordici giorni dopo, due uomini, Abdel Malik Petitjean e Adel Kermiche, fanno irruzione nella chiesa di Saint-Étienne-du-Rouvray durante la celebrazione della messa del mattino. I terroristi prendono in ostaggio due parrocchiani, due suore e il prete Jacques Hamel. Una terza suora riesce a fuggire e ad allertare la polizia. Abdel Malik Petitjean e Adel Kermiche fanno inginocchiare il prete dentro la chiesa e gli tagliano la gola. Sarà l'unica vittima, oltre ai due terroristi, dell'attentato. Quando gli uomini dei corpi speciali giungono sul luogo dell'attentato, capiscono immediatamente che negoziare è inutile: circa un'ora e mezza dopo l'inizio del loro attentato, Abdel Malik Petitjean e Adel Kermiche giacciono senza vita fuori dalla chiesa, colpiti dai proiettili degli agenti della Brigade de Recherce et d'Intervention mentre provavano a fuggire facendosi scudo con gli ostaggi. Il giorno successivo, l'ISIS rilascia un video dove i due giurano fedeltà all'organizzazione.

Il 19 dicembre dello stesso anno, a Berlino, ha luogo un altro attacco in cui un camion, come a Nizza, viene usato come arma letale. Si tratta di una nuova tipologia di attentato (fino a ora i veicoli sono stati usati soltanto come bombe), che però diventa molto in voga tra i "lupi solitari" grazie alla sua semplicità di realizzazione. È Anis Amri, un tunisino con alle spalle un passato molto problematico, a effettuare l'attentato. Amri, dopo aver commesso numerosi crimini nel suo Paese, a diciannove anni giunge in Italia dove, fingendo di essere minorenne senza documenti, fa richiesta di asilo politico e, nel frattempo, inganna l'attesa compiendo piccoli furti e rapine. Poiché gli viene negato l'asilo, Amri incendia la casa dove abita, quindi viene incarcerato e rimpatriato. Ma lascia di nuovo la Tunisia e giunge in Germania dove, il 19 dicembre, prende possesso di un camion di una compagnia di trasporti polacca, uccidendo il conducente Lukasz Robert Urban. Poi dirige il veicolo verso uno dei tanti mercatini di Natale che sorgono nella città e avvia la strage investendo i passanti. Uccide dodici persone e ne ferisce quasi cinquanta, prima che entri in funzione il sistema di frenata automatico del camion che, probabilmente, salva la vita a numerosi altri passanti. Amri lascia il veicolo e si perde tra la folla, sfuggendo alle autorità tedesche.

Quattro giorni dopo, alla stazione ferroviaria di Sesto San Giovanni, un poliziotto italiano gli chiede i documenti e il terrorista reagisce estraendo la pistola. Gli agenti lo neutralizzano e così, il 23 dicembre 2016, Amri conclude la sua carriera di attentatore.

Gli attacchi alla Gran Bretagna

La diffusione del terrore non sembra arrestarsi mai. Nel giro di due mesi e mezzo, è l'Inghilterra a subire tre attentati terroristici, due dei quali a Londra e uno a Manchester che, in totale, causano 34 vittime.

Il 22 marzo 2017 Khalid Masood effettua un attacco della durata di soli 82 secondi, durante i quali causa la morte di quattro persone e il ferimento di circa quaranta. Alle 14.40 il terrorista, cinquantaduenne nato in Inghilterra, convertito e finito diverse volte in prigione per piccoli crimini, guida la sua auto sul Westminster Bridge di Londra, invadendo lo spazio pedonale nel tentativo di investire i passanti. Una persona muore sul colpo, altre due moriranno in ospedale nei giorni successivi. Tra di queste vi è anche Romanian Andreea Cristea, che cade dal ponte e precipita nel Tamigi quando la macchina sta per piombargli addosso. Finita la sua corsa lungo il ponte, Khalid Masood schianta la sua auto contro i cancelli del Palazzo di Westminster, la sede del Parlamento. Dopo lo schianto, il terrorista abbandona la sua auto per proseguire di corsa verso uno dei cancelli d'ingresso dell'edificio, dove pugnala a morte Keith Palmer, un agente disarmato. Ma, dopo pochi secondi, la guardia del corpo del Segretario alla

Difesa, che per pura casualità si trova nei paraggi, gli spara tre volte, colpendolo al petto e uccidendolo.

"Con la grazia e il sostegno di Allah, un soldato del Califfato è riuscito a collocare degli esplosivi nel mezzo della festa dei Crociati nella città inglese di Manchester, per vendicare la religione di Allah, nel tentativo di terrorizzare gli idolatri[113] e in risposta alle loro violazioni del territorio dei musulmani. I dispositivi esplosivi sono stati fatti detonare nell'arena priva di vergogna, causando la morte di trenta crociati e il ferimento di altri settanta. E ciò che seguirà sarà ancora più crudele per gli adoratori della croce e i loro alleati, se Allah vuole. Tutte le lodi sono a Lui dovute, il Signore della creazione"[114]. Con queste parole lo Stato Islamico rivendica l'attentato del 22 maggio presso l'Arena di Manchester. Quella sera, quando centinaia di ragazzi sono riuniti per assistere al concerto della popstar Ariana Grande, Salman Abedi fa detonare una bomba artigianale che trasporta nello zaino. Per farlo, sceglie il luogo e il momento adatto per mietere più vittime: l'uscita principale dell'Arena, dove si addensano i ragazzi una volta terminato il concerto. L'esplosivo è miscelato con i chiodi: l'esplosione uccide sul colpo 22 persone e ne ferisce o mutila almeno cento. Il governo inglese eleva il livello di allerta dei servizi e intensifica l'operazione Temperer, che vede quasi quattromila militari dispiegati in tutto il Paese a proteggere gli obiettivi sensibili.

Ma tutto questo non serve: il 3 giugno il terrorismo islamico colpisce ancora, a Londra. Verso le 10 di sera, tre terroristi, Rachid Redouane, Youssef Zaghba e

Khuram Butt, attraversano il Tamigi sul London Bridge. Khuram Butt è il capo del gruppo che, prima di effettuare l'attentato aveva affermato: *"Sono pronto a fare qualsiasi cosa nel nome di Allah. Nel nome di Allah sono pronto a fare tutto ciò che va fatto, incluso uccidere mia madre"*[115]. Yousseg Zaghba è invece un italo-marocchino. Da tempo mostra segni di radicalizzazione e, secondo un report dei servizi, fermato all'aeroporto Guglielmo Marconi di Bologna mentre era in partenza per la Siria, avrebbe dichiarato ai poliziotti: *"Sarò un terrorista"*[116]. I tre guidano un furgone bianco e, una volta attraversato il ponte, invertono la marcia o lo ripercorrono fino all'altra sponda. A quel punto, effettuano una seconda inversione a U per passare nuovamente sul London Bridge ma, questa volta, decidono di lanciare il veicolo sull'area pedonale. Un passante, Xavier Thomas, a passeggio con la sua ragazza, viene colpito e scaraventato nel fiume. I tre terroristi percorrono di nuovo tutto il ponte e abbandonano il furgone per proseguire a piedi, armati di coltelli che avevano acquistato poco prima al supermercato. Attaccano nella zona del Borough Market, densa di pub, facendo irruzione nei locali e pugnalando i clienti. Molti si difendono: calci, pugni, sedie, bottiglie volano da tutte le parti. Roy Larner, tifoso del Millwall, si trova nel ristorante Black&Blue quando i tre terroristi si avvicinano minacciosi alla porta. *"Avevano dei lunghi coltelli e urlavano qualcosa su Allah"*, racconta[117] al *Guardian*: *"Non pensavo alla mia sicurezza. Avevo bevuto quattro o cinque pinte di birra, niente di più"*. Poi aggiunge: *"Ho fatto qualche passo verso di loro e ho urlato:*

fottetevi, sono del Milwall. Lì mi hanno attaccato". Roy Larner, ricoverato all'ospedale con ferite d'arma da taglio alla testa, al petto e alle mani, è uno dei cinquanta feriti di quella sera. I terroristi hanno poco tempo per proseguire il loro attacco: la polizia interviene e li fredda tutti e tre. Il bilancio finale è di otto morti.

Nei paesi nordici

In molti Paesi europei noleggiare un furgone per un giorno costa 100 euro. Questo è il costo, per un terrorista, di un'arma che può arrivare a uccidere decine di persone. Le agenzie di noleggio, generalmente, domandano solo il pagamento, un documento d'identità e la stipula del contratto. È naturale: non possono certo sottoporre a interrogatorio tutti quanti i loro clienti. Se per qualche motivo il terrorista però non riesce a noleggiare un furgone, rimane valida l'opzione di rubarlo. Questo è ciò che succede il 7 aprile 2017 a Stoccolma, in un attacco in cui perdono la vita cinque persone e quattordici rimangono ferite.

Rakhmat Akilov è un cittadino uzbeko ricercato dalle autorità svedesi perché, dopo il rifiuto della sua richiesta d'asilo, non ha ancora lasciato il Paese. Durante la sua permanenza in Svezia, Akilov utilizza i social network e le app di messaggistica criptata per tenersi in collegamento con alcuni reclutatori dello Stato Islamico. Il 7 aprile, poco prima delle tre del pomeriggio, si impossessa di un camion da trasporto, rubandolo, nel centro di Stoccolma, più precisamente nella zona di Drottninggatan, una delle aree pedonali più affollate della città, sede dei principali negozi e vicina al Parlamento. Akilov sale sul camion, innesta la marcia e parte alla massima velocità con la chiara intenzione di investire i pedoni. Malin Emtö, il proprietario di un negozio del posto, descrive così la scena sotto i suoi occhi: *"Ero nel mio negozio e, improvvisamente, un cliente ha avuto un attacco di panico e ha cominciato a urlare. Siamo corsi alla finestra e abbiamo visto due cadaveri, gravemente mutilati. Il camion che lo aveva investito proseguiva lungo Åhlens City"*[118]. Il camion procede, uccidendo altre persone. *"Quando ha colpito il semaforo il rumore è stato fortissimo. Le persone si sono accorte del pericolo e hanno capito di doversi spostare"*[119], riferisce Faisal Khan, un passante. L'urto con il lampione fa perdere a Rakhmat Akilov il controllo del veicolo e la sua corsa termina contro il muro di un grande centro commerciale della zona. Christoffer Ung sta facendo acquisti nel negozio quando accade tutto ciò: *"Stavo uscendo e ho visto il muro venirci contro come una valanga. Le persone sono andate nel panico e sono fuggite verso l'uscita. La prima cosa da fare era allontanarsi da lì più velocemente possibile. Per prima cosa ho pensato che una bomba fosse esplosa"*[120]. Anche se il crollo del muro è imputabile soltanto alla forza cinetica del camion, Christoffer Ung non ha sbagliato a pensare all'esplosione di una bomba: il terrorista, salendo nella cabina di guida, ha infatti portato con sé un ordigno improvvisato che, però, nel detonare non produce alcun danno. Akilov si dà alla fuga ma viene dopo poco tempo arrestato dalla polizia svedese. Successivamente verrà condannato all'ergastolo nel giugno 2018.

Il 18 agosto 2017 a Turku, in Finlandia, Abderrahman Bouanane, un diciottenne di origini marocchine, accoltella, intorno alle quattro di pomeriggio, alcuni passanti nel centro della città. È il primo attentato terroristico che avviene in Finlandia, causando due morti e sei feriti. Durante l'attacco, Abderrahman Bouanane, sul cui cellulare si troverà materiale di propaganda dell'ISIS, pare mirare specificamente alle donne. Anche a lui era stato negato l'asilo politico poiché *"il Marocco non è una zona di guerra, né è vicino a una zona di guerra"[121]*. Anche i paesi nordeuropei, modello di integrazione, pagano il prezzo del terrore.

Agosto di sangue

Il 16 agosto 2017, a notte fonda, una casa del paese di Alcanar, in Spagna, è ancora illuminata. All'interno, due uomini sono alle prese con più di cento bombole di gas butano, cinquecento litri di acetone e più di trecento litri di perossido di idrogeno, oltre agli immancabili chiodi, tipici di quasi ogni bomba improvvisata[122]. Il compito dei due terroristi è quello di sintetizzare più di duecento chilogrammi di esplosivo TATP, con cui caricare due furgoni noleggiati da alcuni complici il giorno prima. L'intenzione della cellula è probabilmente quella di attaccare due luoghi simbolo di Barcellona: la Sagrada Familia e lo stadio Camp Nou. Ma qualcosa va storto. Un urto, una svista o una fonte di calore provocano l'innesco involontario dell'esplosivo appena creato (il TATP è estremamente sensibile e instabile): la casa esplode. I due uomini muoiono sul colpo e un terzo, accorso in loro aiuto, viene ferito gravemente e trasportato in ospedale. Tra i morti vi è Abdelbaki Essati, un imam marocchino a capo della cellula terroristica che, nonostante la perdita della loro guida e del materiale esplosivo, non abbandona il piano di attacco. Oltre ai due morti e al ferito di Alcanar, il gruppo di terroristi è formato infatti da altri sei uomini, tutti marocchini, che nel momento della deflagrazione si trovano altrove. Una volta appreso che il piano è fallito, constatato che non possono procurarsi in altro modo l'esplosivo e consapevoli che in pochi giorni la polizia sarà sulle loro tracce, i sei decidono di passare all'azione prendendo spunto dagli attentati degli anni precedenti e usando i veicoli noleggiati come arma contro la folla.

Così, il pomeriggio del 17 agosto, in pieno periodo turistico, un componente della cellula sferra la prima parte dell'attentato nella Rambla di Barcellona. Alla guida del furgone, che procede zigzagando tra le centinaia di turisti atterriti, vi è il ventiduenne Younes Abouyaaquoub. Tredici persone perdono la vita e più di cento sono ferite. Younes Abouyaaquoub riesce a fuggire a piedi, grazie al caos, e si allontana dal luogo dell'attentato. Una quattordicesima vittima si aggiunge alla conta quando il terrorista pugnala a morte il conducente di una macchina con cui si dà alla fuga. La polizia spagnola è in massima allerta, ma ciò non impedisce ai restanti cinque terroristi di compiere un altro attacco il mattino successivo. I cinque, stipati su una macchina e vestiti con finte cinture esplosive, si lanciano in una zona pedonale a Cambrils, vicino a

Tarragona. La loro corsa finisce quando una volante della Polizia Autonoma della Catalogna gli sbarra la strada e il conseguente urto fa ribaltare il veicolo da cui escono i cinque terroristi armati di lunghi coltelli e di un'accetta. Tutti e cinque vengono uccisi a colpi di pistola dalla polizia. L'attentato è però parzialmente riuscito: una donna è stata uccisa e sette persone (tra cui un poliziotto) ferite. Dopo cinque giorni di latitanza, la polizia trova Younes Abouyaaquoub, l'attentatore della Rambla, ed è costretta a ucciderlo. Il terrorista indossa una veste esplosiva (che successivamente si è rivelata falsa) e mostra palesi intenzioni di volere farsi esplodere: è chiaro che non volesse farsi catturare vivo.

L'ISIS rivendica immediatamente l'attentato, definendo i terroristi come "propri soldati". Per la Spagna è il primo attacco terroristico, dopo quello di Madrid del 2004, a opera di militanti jihadisti e molti si domandano come sarebbe andata se il piano iniziale di usare furgoni imbottiti di TATP non fosse andato in fumo a seguito dell'esplosione accidentale avvenuta ad Alcanar. Probabilmente la conta sarebbe stata di centinaia di morti.

Una lunga scia di violenze

Tra il 2017 e il 2018 l'Occidente è segnato da decine di attentati messi a segno da "lupi solitari" ispirati dalla propaganda del Califfato. Dietro agli attacchi riusciti, ve ne sono poi altri sventati dai servizi segreti o dalla polizia. Molti di questi attacchi avvengono con modalità standard: un individuo che, in genere urlando "Allahu

Akbar", compare in un posto affollato imbracciando un coltello, o un'altra arma, che cerca di uccidere molte persone prima di essere fermato o abbattuto dalla polizia; oppure un individuo che, con un veicolo, tenta di investire i passanti o le forze dell'ordine. Per ragioni di sintesi, qui elenchiamo brevemente solo i principali attacchi di questa lunga scia di violenza.

Il 9 agosto 2017 a Levallois-Perret, un sobborgo di Parigi, l'algerino Hamou Benlatrèche guida la sua auto contro un gruppo di soldati francesi impegnati nell'Opération Sentinelle (l'operazione di pattugliamento antiterrorismo dell'esercito francese), ferendo sei di loro. Dopo una breve fuga, viene individuato dalla polizia sulla sua auto. Il terrorista tenta di forzare il posto di blocco e, mimando l'estrazione di un'arma, costringe gli agenti a sparargli e a ferirlo gravemente.

Due mesi più tardi, il primo ottobre 2017, Ahmed Hanachi accoltella due donne nella stazione ferroviaria di Marsiglia, uccidendole. Successivamente tenta di assalire due soldati, da cui viene però ucciso. L'ISIS rivendica l'attacco.

L'11 dicembre 2017, Akayed Ullah, originario del Bangladesh e con sospetti legami all'ISIS, fa esplodere un ordigno improvvisato in un passaggio sotterraneo della metropolitana di New York. La bomba, poco potente, causa il ferimento lieve del terrorista e di altre tre persone.

Il 23 marzo 2018 è ancora la Francia a essere vittima di un altro attacco. Il ventiseienne Redouane Lakdim ruba un'auto nella città di Carcassonne, ferendo l'autista, uccidendo un passeggero e ferendo un poliziotto poco distante. Il terrorista si sposta fino a Trèbes, dove irrompe in un supermercato, uccidendo due persone e prendendone altre in ostaggio. In cambio del rilascio degli ostaggi, Lakdim chiede la liberazione di Salah Abdeslam, l'unico sopravvissuto dei membri della cellula che compie gli attacchi a Parigi il 13 novembre 2015. Dopo qualche ora, il terrorista consente di liberare gli ostaggi civili in cambio di un poliziotto. Il colonnello della Gendarmeria francese Arnaud Beltrame si offre coraggiosamente. Dopo circa quattro ore dall'inizio dell'assedio, le teste di cuoio francesi irrompono nell'edificio uccidendo il terrorista. Per il colonnello Arnaud Beltrame non c'è però niente da fare: colpito dalle coltellate di Redouane Lakdim, muore in ospedale la notte stessa. Il Presidente Emmanuel Macron lo ricorda l'indomani con queste parole: *"È caduto da eroe, merita il rispetto e l'ammirazione dell'intera Nazione"*[123]. L'ISIS rivendica l'attacco.

Il 29 maggio 2018, a Liegi, Benjamin Herman, uscito dal carcere con un permesso giornaliero, accoltella alle spalle due poliziotte. Poi estrae le loro armi dalle fondine e spara a entrambe, uccidendole. L'attentatore spara anche contro una macchina parcheggiata, uccidendo uno studente, e si dirige verso una scuola, dove prende in ostaggio un'addetta alle pulizie. La donna, di religione musulmana, convince l'attentatore a risparmiarle la vita: quando sopraggiungono i poliziotti, Benjamin Herman li assalta urlando "Allahu Akbar" e viene ucciso. Successivamente si scopre che l'uomo aveva ucciso anche un ex-detenuto, a colpi di martello, prima di cominciare l'attacco.

Il 22 luglio 2018 è il Canada a essere vittima di un nuovo attacco di un "lupo solitario". A Toronto, nella Danforth Avenue, un luogo ricco di ristoranti e di altri punti di ritrovo, Faisal Hussain apre il fuoco con la sua pistola sui passanti e sui clienti dei locali, uccidendo due persone e ferendone tredici. Coinvolto in uno scontro a fuoco con i poliziotti, l'attentatore viene ritrovato morto poco distante dal luogo dell'attacco. Il *National Post* riferisce la testimonianza di un vicino di casa di Faisal Hussain secondo cui l'uomo *"non è una persona normale"*[124]. Lo stesso testimone riferisce al giornale[125] anche delle strane abitudini del terrorista, una persona paranoica a suo dire: non prendeva mai l'ascensore (pur abitando al settimo piano), andava in giro vestito pesantemente anche d'estate, non aveva la patente e non utilizzava mai i mezzi pubblici, raggiungendo ogni luogo esclusivamente a piedi. La stessa famiglia del terrorista riferisce che Faisal Hussain aveva *"seri problemi mentali, avendo combattuto tutta la vita con psicosi e depressione"*[126]. L'ISIS rivendica l'attacco attraverso la sua agenzia *Amaq News* definendo l'attentatore "un soldato del Califfato", senza però fornire prove di tale affiliazione (come video testamenti o messaggi di affiliazione).

Il 20 agosto 2018 un uomo entra nella stazione di polizia Cornellà de Llobregat, vicino a Barcellona, impugnando un coltello e gridando "Allahu Akbar": viene subito ucciso dalla polizia.

Il 15 ottobre 2018 un rifugiato siriano lancia una molotov nel McDonald's della stazione di Colonia, in Germania, provocando un incendio e ferendo una quattordicenne. Subito dopo l'attentatore, che si dichiara membro dell'ISIS, si dirige verso una farmacia dove prende in ostaggio una donna. Le teste di cuoio tedesche fanno irruzione, liberano l'ostaggio e feriscono gravemente l'attentatore sparandogli all'addome.

Il 28 novembre le autorità italiane arrestano un libanese, di origini palestinesi, residente in Italia, Amin Alhaj Ahmad, che stava progettando di avvelenare, probabilmente con la ricina, l'acquedotto della caserma del 5° Genio Guastatori della Brigata Sassari, in Sardegna.

L'11 dicembre 2018, a Strasburgo, verso sera, Cherif Chekkatt, un ventinovenne con precedenti penali, apre il fuoco contro i passanti nella zona dei mercatini di Natale, uccidendo tre persone e ferendone tredici. Due feriti (tra cui il giornalista radiofonico italiano Antonio Megalizzi) muoiono nei giorni successivi, portando il numero delle vittime a cinque. L'attentatore, ferito da alcuni militari dispiegati per l'Opération Sentinelle, sale su un taxi e obbliga il conducente a condurlo nel quartiere di Neudorf. Qui, quarantott'ore dopo è individuato dalla polizia e ucciso in un blitz. L'ISIS rivendica l'attacco tramite l'agenzia *Amaq*. *"Chekatt era un nostro soldato"*, riferisce *ANSA*, *"e ha portato avanti l'operazione per vendicare i civili uccisi dalla coalizione internazionale"*[127].

Purtroppo, la propaganda dell'ISIS ha avuto successo, diffondendo la violenza terroristica in modo capillare e a macchia d'olio. Questa diffusione degli attacchi non è casuale. In un rapporto del Forsvarets Forskningsinstitutt sulle cause del terrorismo vi è anche un capitolo dedicato alla "teoria del contagio": *"Numerosi studi hanno dimostrato che il verificarsi del terrorismo è tutt'altro che casuale, al contrario il fenomeno tende a presentarsi in cicli periodici, le cosiddette ondate di terrorismo [...]. Ciò suggerisce che la decisione da parte di un gruppo terroristico di lanciare un attacco è influenzata dal verificarsi di attacchi simili altrove: da qui il concetto di contagio"*[128]. In pratica, secondo questa analisi, l'azione di un terrorista spingerebbe altri individui a imitarlo. E i terroristi conoscono bene questo fenomeno imitativo.

Il declino del Califfato

Quando, il 29 giugno 2014, Abu Bakr al-Baghdadi annuncia la creazione del Califfato, i governanti di tutto il mondo cominciano a rendersi conto della gravità dell'annuncio. I primi a reagire sono gli Stati Uniti che, nell'estate dello stesso anno, eseguono una campagna di bombardamenti sulle principali postazioni dei miliziani dell'ISIS. A settembre si riuniscono a Washington i delegati di ventidue Paesi (tra cui l'Italia) che costituiscono il nucleo centrale della Coalizione Globale contro lo Stato Islamico che, con il tempo, arriverà a contare 79 membri (tra cui cinque organizzazioni internazionali). Per un anno intero, guidati dagli Stati Uniti e appoggiati dagli altri membri (tra cui Francia e Regno Unito), i bombardamenti procedono incessanti e il Califfato inizia a subire le prime perdite. A gennaio 2015 gli Stati Uniti dichiarano che seimila combattenti jihadisti sono stati uccisi con gli attacchi aerei[129].

Contemporaneamente, molti Paesi della Coalizione decidono di finanziare l'esercito iracheno – oltre che l'esercito curdo – per renderlo in grado di affrontare l'ISIS sul campo. L'Italia è uno dei paesi più dediti all'addestramento delle truppe irachene, con un totale, a oggi, di oltre 17.000 unità addestrate[130]. L'esercito iracheno, grazie anche agli armamenti ricevuti e al supporto aereo dei velivoli della Coalizione, comincia a ottenere le prime importanti vittorie contro il Califfato e, a dicembre 2015, riconquista Ramadi.

Ma la Coalizione è ben consapevole che per debellare l'ISIS è necessario combatterlo anche in Siria. Si decide così di finanziare i ribelli siriani e di fornire loro armi e supporto aereo e strategico. A loro, la Coalizione affida il compito di sottrarre i territori allo Stato Islamico. Russia e Iran, alleati di Bashar al-Assad, decidono di entrare in azione, autonomamente, contro l'ISIS, soltanto nel settembre 2015, su richiesta dello stesso presidente siriano. Contemporaneamente, però, finanziano le truppe regolari fedeli ad Assad che, oltre a combattere l'ISIS, combattono anche i ribelli. Si crea così una strana situazione in cui Russia e Stati Uniti, pur condividendo lo stesso nemico, appoggiano due gruppi diversi in guerra tra loro, con l'esito di indebolire la battaglia contro l'ISIS. La Siria è nel caos. Lo Stato Islamico controlla circa 85.000 chilometri quadrati di territorio.

Nel frattempo avanza l'offensiva irachena e, a giugno 2016, l'esercito strappa Fallujah dalle mani del Califfato. È una vittoria cruciale, seguita dopo due mesi dalla liberazione di Manbij da parte delle Forze Democratiche

Siriane. I combattimenti procedono serrati, così come i bombardamenti, senza i quali l'ISIS non perderebbe terreno con facilità. Sul finire del 2016 l'esercito iracheno circonda Mosul, una delle più importanti città del Paese in mano al Califfato. Dopo un assedio protrattosi per più di nove mesi, il 9 luglio 2017 la città viene dichiarata libera. Infine, il 17 ottobre 2017, le Forze Democratiche Siriane riconquistano Raqqa, capitale dell'autoproclamatosi Stato Islamico. L'ISIS è in rotta, i combattenti fuggono nei deserti, gli ultimi territori sotto il loro controllo, incalzati dai bombardamenti. Molti di loro si rifugiano nella città di al-Baghuz: qui vengono circondati dalle Forze Democratiche Siriane e sconfitti.

Il 28 febbraio 2019 Donald Trump annuncia che è stato liberato il cento per cento dei territori un tempo appartenuti all'ISIS[131]. I miliziani sono quasi tutti morti o prigionieri, pochissimi sono riusciti a fuggire. Tra questi vi è il leader, Abu Bakr al-Baghdadi, più volte dichiarato morto e puntualmente riapparso in messaggi video o audio. Nessuno sa se sia ancora vivo, anche se il Dipartimento di Stato offre attualmente, nel giugno 2019, venticinque milioni di dollari per informazioni che portino alla sua cattura. Il Califfato è comunque sconfitto e la minaccia terroristica in Occidente si attenua: l'ISIS ha ora altre priorità, in primis la sua sopravvivenza, per potersi permettere di pensare a nuovi attacchi.

CONCLUSIONE

Controterrorismo

Nell'ultimo decennio, all'esplosiva ascesa dell'ISIS è corrisposto il progressivo declino di al-Qaeda. Adesso l'ISIS è in una crisi radicale, se non irreversibile, e non è chiaro se e come possa emergere una nuova organizzazione terroristica paragonabile ad al-Qaeda (che, ricordiamo, è ancora attiva). Con la sconfitta del Califfato si è infatti aperto, tra i movimenti salafiti jihadisti, un vuoto da colmare: colmare questo vuoto significa diventare un nuovo punto di riferimento per i gruppi jihadisti di tutto il mondo, nuova fonte d'ispirazione per aspiranti terroristi dei Paesi occidentali e nuova meta delle donazioni e dei finanziamenti. Chi colmerà questo vuoto? In un articolo pubblicato sul sito dell'ICCT, Colin P. Clarke evidenzia, tra i diversi possibili scenari futuri, l'ipotesi secondo cui è la stessa al-Qaeda ad avere le maggiori possibilità di tornare al centro della scena: *"Il conflitto dilagante tra le forze sunnite e sciite [...] può far sì che alcune forze sunnite diventino più tolleranti nei confronti di al-Qaeda e che addirittura giungano a sponsorizzarla come forza alleata"* [132].

Ma, indipendentemente dalle modalità con cui si riorganizzerà la galassia jihadista, è ovvio che i pericoli legati al terrorismo non sono scomparsi. Dormienti forse sì, ma sempre presenti e potenzialmente attivi in ogni momento. Tutto ciò impone di non abbandonare le pratiche di controterrorismo che sono state utilizzate negli ultimi anni, in modo tale da prevenire, per quanto possibile, nuove riprese di focolai jihadisti.

Nel 2005 il Consiglio Europeo ha elaborato una strategia comune per gli Stati membri[133], ponendosi l'obiettivo di contrastare il terrorismo in modo coerente e organizzato. Questa strategia si basa su quattro pilastri: prevenire, perseguire, proteggere e rispondere.

Quando si parla di prevenzione del terrorismo, ci si riferisce a tutte le pratiche e misure che, da un lato, possono impedire a un individuo di entrare in contatto con idee estremiste e, dall'altro lato, possono impedire a un terrorista di mettersi nelle condizioni di poter effettuare un attentato. Il primo tipo di prevenzione consiste nell'impedire alle ideologie radicali di circolare. Essendoci due strade per far circolare le ideologie radicali, quello umano (un reclutatore, per esempio) e quello online, i servizi segreti e la polizia devono sinergicamente agire su entrambi i fronti: oscurare forum e siti web, chiudere moschee estremiste e arrestare i predicatori violenti. Un ambito particolare di questa tipologia di prevenzione riguarda la situazione delle carceri che, troppo spesso, fungono da incubatrici di nuovi terroristi. Il secondo tipo di prevenzione riguarda l'attento controllo sulle azioni delle persone che hanno mostrato inclinazioni verso le ideologie radicali. Ma, naturalmente, anche misure più stringenti sull'acquisto di armi, sulle intercettazioni, sulla videosorveglianza e sullo scambio di informazioni tra i servizi sono pratiche che riguardano l'area della prevenzione.

Perseguire i terroristi può sembrare ovvio, per esempio, attraverso l'adeguamento della legislazione penale.

Ma il problema non riguarda i singoli terroristi, bensì anche e soprattutto le organizzazioni terroristiche: in questo caso il nodo centrale riguarda i finanziamenti. Queste organizzazioni possono finanziarsi in svariati modi. Nel caso specifico di al-Qaeda, una buona parte dei proventi derivano dalle donazioni provenienti da singoli individui, da piccole organizzazioni locali e da Stati sovrani. Il denaro viene trasferito alle organizzazioni terroristiche attraverso conti bancari intestati a persone al di fuori di ogni sospetto o attraverso fondazioni solo apparentemente umanitarie. Spesso, prima di raggiungere il destinatario, il denaro effettua giri internazionali complessi e tortuosi, in modo da rendere difficile l'individuazione della provenienza. In alcuni casi la consegna del denaro avviene fisicamente e, recentemente, si è moltiplicato l'uso delle criptovalute. Individuare e bloccare le fonti di finanziamento delle organizzazioni terroristiche è una delle principali sfide che le agenzie di intelligence di tutto il mondo devono affrontare per combattere il terrorismo: non è un lavoro facile poiché richiede un altissimo grado di cooperazione internazionale. Recentemente, oltre al Consiglio Europeo, anche l'Onu ha creato commissioni specifiche per coordinare gli sforzi degli Stati membri, molti dei quali, a loro volta, hanno implementato nella loro legislazione alcune leggi studiate per consentire alle autorità di congelare conti sospetti e interrompere le transizioni di denaro verso fondazioni e organizzazioni altrettanto sospette.

La protezione dal terrorismo mette in campo azioni che riguardano la nostra vita quotidiana. Le misure di sicurezza si sono evolute negli anni per seguire l'andamento del terrorismo. Negli anni si è lavorato per implementare sistemi informatici di profilazione che individuino le persone più a rischio terrorismo, che saranno sottoposte a maggiori controlli e accertamenti. Quando, dopo l'11 settembre 2001, la minaccia dall'aria era molto alta, tali misure sono state implementate soprattutto negli aeroporti. Negli ultimi anni, dopo i recenti attentati avvenuti ai concerti o nelle strade, ci si è preoccupati prevalentemente di rendere più sicuri gli eventi e i luoghi pubblici, così come gli obiettivi sensibili (stazioni, monumenti, sinagoghe...). In molte città europee sono state inoltre posizionate barriere che impediscono l'accesso dei veicoli ad aree di passeggio, per evitare stragi come quella di Nizza del 2016. È stato poi esteso l'utilizzo dei metal detector anche a concerti ed eventi pubblici.

L'ultimo pilastro delle strategie di controterrorismo riguarda la risposta agli attentati. Dalla fine del XX secolo, i maggiori Stati del pianeta hanno creato, in seno alle proprie forze armate o di polizia, reparti specificatamente addestrati alla liberazione degli ostaggi e all'esecuzione di azioni rapide e mirate contro i terroristi. Il SAS inglese è stato un modello per molti Stati che, nel tempo, hanno voluto dotarsi di truppe scelte che potessero intervenire in caso di minacce gravi sul suolo nazionale. Di questo tipo di reparti, in Italia vi è il GIS (Gruppo Intervento Speciale) dei Carabinieri, il NOCS (Nucleo Operativo Centrale di Sicurezza) della Polizia e l'ATPI (Anti Terrorismo - Pronto Impiego) della Guardia di Finanza. Queste forze sono in grado di intervenire ventiquattr'ore al giorno, tutto l'anno, senza alcun preavviso. Dispongono di mezzi (come gli elicotteri) a loro riservati che li possono portare sulla scena dove sta avendo luogo l'attentato anche pochi minuti dopo la prima segnalazione. Una volta sul luogo, sono potenzialmente in grado di agire in qualsiasi momento per uccidere i terroristi e liberare eventuali ostaggi, la cui salvaguardia è la priorità assoluta. Subito dopo di loro, soccorritori e vigili del fuoco si occupano dei feriti. Essere in grado di coordinare efficacemente i soccorsi in situazioni di emergenza terroristica è diventata una necessità.

Storie di terroristi

È impossibile ridurre la molteplicità delle storie dei terroristi a un unico "modello" o "tipologia". Le cause che spingono un uomo a realizzare azioni così terribili sono molte e diverse, nessuna di esse, naturalmente, costituisce una giustificazione. Eppure uno sforzo di comprensione va fatto, se vogliamo cercare di sconfiggere il terrorismo. Alcune di queste cause sono sociali (emarginazione e povertà), altre ideologiche (conflitto tra islam e cristianesimo, o tra sunniti e sciiti), altre politiche (la difesa dei territori dei Paesi musulmani), altre ancora personali (disturbi psichiatrici). Ma c'è una distinzione che va subito sottolineata. Nei "lupi solitari" l'incidenza di patologie psicologiche è particolarmente elevata. Questa statistica però non si applica ai terroristi facenti parte di un gruppo o di una cellula organizzata. È il caso, per esempio, dei dirottatori dell'11 settembre 2001 o degli attentatori che hanno condotto gli attacchi ai treni di Madrid (2004), alla metropolitana di Londra (2005) e al teatro Bataclan di Parigi (2015). Gli studi empirici in materia[134] evidenziano che le percentuali di persone con disturbi patologici, inserite all'interno delle organizzazioni terroristiche, è davvero trascurabile, sostanzialmente perché sono le organizzazioni e le cellule stesse a effettuare una sorta di "selezione", in considerazione del fatto che, per determinate azioni, una mente lucida e razionale è un elemento necessario. Questa "selezione" è ovviamente assente nel caso dei terroristi isolati. Ma, nonostante questa distinzione, vi sono tratti generalmente comuni alle diverse tipologie di terroristi, che risiede nei motivi psicologici che li spingono sulla strada della radicalizzazione. E non vi è niente di più semplice, per trovarli, che andare a scavare nelle loro storie. Ci focalizzeremo su due casi emblematici, diversi tra loro: Khalid Sheikh Mohammed e Richard Reid, lo *shoebomber*.

Dietro ai diciannove attentatori suicidi dell'11 settembre 2001 vi è la mente, fredda e razionale, di un comandante operativo. Non stiamo parlando di Osama Bin Laden, che agli attacchi alle Torri Gemelle e al Pentagono ha dato fondi e il suo benestare senza però partecipare attivamente all'organizzazione, ma di Khalid Sheikh Mohammed, zio di Ramzi Yousef, l'esecutore del primo attacco al World Trade Center nel 1993. Nella storia di Mohammed, una storia fatta di frustrazione, discriminazioni, violenza e contatti con ideologie radicali, ricostruita in un articolo[135] di Terry McDermott, possiamo riconoscere quella di molti terroristi.

Nato in Pakistan nel 1965[136], Khalid Sheikh Mohammed si trasferisce ancora bambino in Kuwait, insieme alla sua famiglia, dopo il boom economico derivante dal petrolio. Qui cresce in un ambiente multiculturale, frequentando, con Ramzi Yousef, una scuola composta da bambini di diverse nazionalità, tra cui kuwaitiani, palestinesi ed egiziani. Mohammed e la sua famiglia sono immigrati nel Paese e, pertanto, nonostante il generale benessere economico del Kuwait, non hanno diritto a tutti i benefici che spettano a chi invece ha la cittadinanza. Mohammed cresce quindi da straniero nel Paese in cui praticamente è nato e, quando da ragazzo si trasferisce negli Stati Uniti per studiare ingegneria meccanica nel Nord Carolina, l'impatto con una cultura diversa, e a tratti ostile, unito al suo passato in Kuwait, lo porta sviluppare una ingente frustrazione. Frustrazione che ha poi occasione di coltivare frequentando ambienti radicali in Afghanistan e Pakistan e che si evolve a tal punto da spingerlo a progettare e realizzare molti attentati. Sia nel Paese in cui è nato, sia in quello in cui si è trasferito per studiare, Khalid Sheikh Mohammed non si è mai sentito davvero parte integrante del tessuto sociale: questo rifiuto è causa di profonda frustrazione, a tratti insopportabile, che genera sentimenti di odio e risentimento. Arriviamo dunque a un primo elemento che può spingere alla radicalizzazione: la frustrazione che, come abbiamo visto nel caso di Khalid Sheikh Mohammed, può essere causata dalla discriminazione e dall'emarginazione. Ma non solo. Altre cause della frustrazione possono essere la mancanza di risorse economiche, il mancato riconoscimento sociale o il fallimento nella vita privata. E, analizzando il passato di diversi terroristi, ci si accorge facilmente che molti di loro provengono da contesti sociali poveri ed emarginati.

Quando nasce a Londra nel 1973, Richard Reid è un immigrato di terza generazione. Si tratta di un dato da non sottovalutare, come sostiene Avraham Jager in un suo report[137]: *"Gli immigrati di prima generazione tendono a essere grati alla nazione che li ospita, nonostante la loro povertà e la loro difficoltà a integrarsi: questo accade perché fuggono da un contesto fatto di grandi difficoltà. [...] Tuttavia, gli immigrati di seconda e terza generazione, che non hanno sperimentato le stesse difficoltà, nascono in una realtà nella quale non si sentono trattati alla pari degli altri membri della società. Queste generazioni sono più povere delle loro controparti native, la loro cultura è diversa e si sentono alienate dalle istituzioni del loro Stato. [...] Si sentono intrappolati tra un luogo che non hanno mai visto [...] e il paese in cui sono nati che li respinge o che li tratta come cittadini di seconda fascia"*. Questa situazione crea persone che si sentono "straniere in patria" e che vagheggiano appartenenze che non hanno mai conosciuto o vissuto. Nel caso di Richard Reid è dunque possibile parlare di mancanza di un'identità sociale e politica, fin dall'infanzia: infatti Reid, già nell'adolescenza, passa la vita tra piccoli crimini e la prigione, decidendo infine di convertirsi all'Islam, proprio per riuscire finalmente a identificarsi in un gruppo. Oltre alla frustrazione, dunque, l'altro motivo psicologico che spinge un individuo verso un'ideologia radicale, è la mancanza di identità.

Ovviamente nulla di tutto ciò giustifica la violenza del terrorismo, ma almeno ci consente di comprendere alcune traiettorie individuali che spingono un uomo sulla strada del *jihad*, prima ancora che egli possa incontrare le ideologie radicali. Schematizzando, nella vita di un terrorista possiamo infatti distinguere tre fasi. La prima è la pre-radicalizzazione, cioè la fase in cui la persona non ha ancora sposato ideologie violente, né scelto di diventare un terrorista, ma vive una situazione di frustrazione o di mancanza di identità. Poi vi è la radicalizzazione, il processo che trasforma l'individuo in un potenziale terrorista: in questa fase i contenuti delle ideologie radicali forniscono risposte al malessere psicologico dell'individuo, che sembra dunque trovare soluzione ai propri disturbi. Infine, vi è la fase dell'azione derivante dai valori antisociali acquisiti con la radicalizzazione: questa è la fase del terrorismo vero e proprio, nella quale la violenza viene vissuta come potere di vita e di morte, appagando così i desideri di riconoscimento che sono stati frustrati dall'emarginazione in cui il terrorista ha vissuto nella fase della pre-radicalizzazione.

Se nella fase della pre-radicalizzazione sono comuni due elementi (la frustrazione e la mancanza d'identità), nella fase della radicalizzazione agiscono più fattori e più modalità di comportamento. Esistono almeno una decina di differenti "modelli" di radicalizzazione, cioè schemi che ne individuano i diversi passaggi. Uno di questi[138], di Randy Borum, in cui l'autore individua quattro fasi comuni alla maggioranza di casi (anche con retroterra differenti) è particolarmente interessante. Le quattro fasi sono nominate con brevi frasi in lingua inglese: *It's not right* (contesto), *It's not fair* (comparazione), *It's your fault* (attribuzione), *You're evil* (reazione).

It's not right. Il primo stadio della radicalizzazione si collega strettamente alla fase della pre-radicalizzazione. In pratica, l'individuo comincia a riflettere sempre più spesso sulle proprie condizioni, sviluppando la consapevolezza che ci sia qualcosa che non va nella propria vita: *le cose non sono come dovrebbero essere*. Ci sono vari esempi di queste "condizioni indesiderabili", come le definisce Borum, che possono essere reali o solamente percepite: la discriminazione, la povertà, i fallimenti, la disoccupazione, l'emarginazione, la solitudine.

It's not fair. Dopo aver esaminato la propria condizione, l'individuo alza lo sguardo per effettuare una comparazione e vede, intorno a sé, persone che non subiscono le stesse situazioni problematiche ma che, al contrario, vivono nel lusso e hanno un ruolo importante nella società: *non è giusto*. Il risentimento caratterizza psicologicamente questa fase.

It's your fault. L'individuo tende allora a cercare e individuare una categoria di persone a cui attribuire la colpa delle ingiustizie cui è sottoposto, "gli altri": *è colpa vostra*.

You're evil. Si arriva quindi al quarto e ultimo stadio della radicalizzazione, quello che precede la violenza, in cui la categoria di persone a cui è stata attribuita la colpa delle ingiustizie viene identificata come il nemico: *siete il male*. Da qui nasce la visione manichea della realtà del terrorista: bene o male, senza scale di grigio e senza vie di mezzo. Il nemico viene quindi "demonizzato" e "deumanizzato" giustificando, come reazione alle ingiustizie, ogni violenza perpetrata nei suoi confronti.

Attraverso queste quattro fasi passa praticamente ogni terrorista, prima di diventare tale. Ma quanto dura questo processo di trasformazione? Non esiste una risposta univoca: si sono riscontrati casi di individui radicalizzati e pronti a compiere attentati in poche settimane e altri, invece, che hanno impiegato anni ad accettare l'idea di poter uccidere una persona. La radicalizzazione può avvenire autonomamente o può essere, nella maggior parte dei casi, favorita dall'interazione con altri estremisti: in questo caso, le altre persone guidano e spingono l'individuo, favorendo la sua accettazione delle ideologie violente, attraverso un percorso di indottrinamento.

La trattazione delle cause del terrorismo potrebbe continuare a lungo, assommando insieme fattori sociopolitici, economici, religiosi, psicologici e altro ancora. Ma non è questo lo scopo del libro. Tuttavia, almeno un aspetto possiamo mettere in evidenza, per rispondere ai due fattori – la frustrazione e la mancanza di identità – che abbiamo visto alla base delle storie dei terroristi. Ed è la necessità di costruire *vere* politiche di integrazione in grado di sconfiggere ogni pratica di violenza intesa come forma di accesso al potere politico. Perché una scarsa integrazione porta su due strade,

quelle che abbiamo visto nelle storie di Khalid Sheikh
Mohammed e Richard Reid. E queste strade conducono alla morte di persone innocenti.

NOTE

[1] Per i primi riferimenti sul terrorismo cfr. AA VV, *Jihad e terrorismo,* Mondadori (2016)

[2] National Consortium for the Study of Terrorism and Responses to Terrorism (START) - Global Terrorism Database (2018). Sito: https://www.start.umd.edu/gtd

[3] Il terrorismo dell'OLP e delle altre organizzazioni palestinesi non è infatti definibile come "islamico", in quanto esso riposa su motivi sostanzialmente politici e nazionalistici, nonostante nelle loro contrapposizioni entrino anche motivi di tipo religioso (contro gli ebrei).

[4] Iraq, Afghanistan, India, Siria, Pakistan, Bangladesh, Filippine, Malesia, Indonesia, Somalia, Yemen, Ciad, Niger, Nigeria, Mali, Burkina Faso, Somalia, Libano, Israele, Libia, Egitto, Colombia e Perù sono alcuni tra i paesi più colpiti dal terrorismo nell'ultimo decennio (Fonte: *Global Terrorism Database*).

[5] http://edition.cnn.com/2014/09/26/opinion/bergen-schneider-how-many-jihadists/

[6] Il genere di questo sostantivo è molto dibattuto e, in italiano, viene spesso tradotto al femminile: "la" *jihad.* Essendo il termine maschile in lingua araba, in questo libro verrà tradotto al maschile, come ritenuto corretto anche dall'Accademia della Crusca: http://www.accademiadellacrusca.it/it/lingua-italiana/consulenza-linguistica/domande-risposte/jihad-kamikaze

[7] Cfr. Jacques Potin – Valentine Zuber, *Dizionario dell'Islam*, Bologna, EDB, 2017, voce "jihad".

[8] Cfr. Gilles Kepel, *I testi di al-Qaeda*, Roma-Bari, Laterza, 2006, p. 47.

[9] Sul salafismo cfr. Roel Meijer, *Global Salafism,* Columbia University Press (2011)

[10] https://jihadology.net/2014/07/01/al-furqan-media-presents-a-new-audio-message-from-the-islamic-states-abu-bakr-al-%E1%B8%A5ussayni-al-qurayshi-al-baghdadi-message-to-the-mujahidin-and-the-islamic-ummah-in-the-month-of-rama/

[11] Fonte: ESRI, Environmental System Research Institute (http://storymaps.esri.com/stories/terrorist-attacks/?year=2017)

[12] Fonte: ESRI (http://storymaps.esri.com/stories/terrorist-attacks/?year=2017)

[13] Per maggiori informazioni su questi e gli altri gruppi terroristici consultare il sito (in lingua inglese): https://www.counterextremism.com/global_extremist_groups

[14] Uno stato basato sull'unità religiosa e politica, sotto la guida di un monarca musulmano (Califfo).

[15] Harakat Nur al Din al Zenki, Liwa al Haqq, Ansar al Din e Jaysh al Sunna. Fonte: https://www.counterextremism.com/taxonomy/term/97#history

[16] https://www.voanews.com/a/despite-massive-taliban-death-toll-no-drop-in-insurgency/1866009.html

[17] https://www.counterextremism.com/threat/taliban

[18] https://www.longwarjournal.org/archives/2017/09/lwj-map-assessment-taliban-controls-or-contests-45-of-afghan-districts.php

[19] https://www.counterextremism.com/threat/taliban

[20] Fonte: ESRI (http://storymaps.esri.com/stories/terrorist-attacks/?year=2017)

[21] https://www.ilpost.it/2018/08/03/intervista-madre-osama-bin-laden/

[22] Cfr. *The 9/11 Commission Report*: https://www.9-11commission.gov/report/911Report.pdf

[23] Cfr. Peter Brookes, *A Devil's Triangle. Terrorism, Weapons of Mass Destruction, and Rogue States*, Lanham, Rowman & Littlefield, 2007, p. 33.

[24] Non è chiaro se vi abbia o meno incontrato Bin Laden

[25] Cfr. Gilles Kepel, *I testi di al-Qaeda*, cit., pp. 116-117.

[26] Cfr. Michael Scheuer, *Through Our Enemies' Eyes. Osama bin Laden, Radical Islam, and the Future of America*, Dulles, Potomac Books, 2006, p. 147.

[27] Cfr. Sarah Quigley, Pat Quigley, Marilyn Shroyer, *The Little Book of Courage. A Three-Step Process to Overcoming Fear and Anxiety,* Conari Press, 1996, p. 95.

[28] https://www.nytimes.com/2002/06/09/us/traces-terror-intelligence-reports-years-plots-clues-scope-qaeda-eluded-us.html?mtrref=www.google.com&gwh=0DCCFBBD31CF33693DE34622BD620FB9&gwt=pay

[29] https://www.nytimes.com/1998/01/09/nyregion/excerpts-from-statements-in-court.html?mtrref=en.wikipedia.org&gwh=4BA71177C7787593D526D37691E0DB4B&gwt=pay#

[30]   https://www.nytimes.com/1995/06/27/world/egyptian-leader-survives-attack.html

[31] Cfr. Gilles Kepel, *I testi di al-Qaeda*, cit., p. 37.

[32] Cfr. Peter L. Bergen, *Holy War Inc. - Osama Bin Laden e la multinazionale del terrore*, trad. it., Milano, Mondadori, 2001.

[33] Cfr. Gilles Kepel, *I testi di al-Qaeda*, cit., p. 47.

[34] Come vedremo anche nel capitolo successivo, al-Qaeda sceglie spesso date, luoghi o bersagli simbolici per i propri attacchi.

[35] Cfr. Cassandra Cooke, *Remembering the 1998 Embassy Bombings,* U.S. Department of State, 2017.

[36] http://edition.cnn.com/WORLD/africa/9808/07/africa.explosions.04/

[37] https://www.theguardian.com/world/2015/jan/20/africa-embassy-bombings-osama-bin-laden-kenya-tanzania-al-qaida

[38] https://www.telegraph.co.uk/news/worldnews/middleeast/yemen/1374316/Bombed-US-warship-was-defended-by-sailors-with-unloaded-guns.html

[39] Tortura che simula l'annegamento.

[40] http://edition.cnn.com/2011/CRIME/07/19/guantanamo.detainee/index.html

[41] https://www.nytimes.com/2000/12/31/magazine/a-kashmiri-mystery.html

[42] Cfr. *The 9/11 Commission Report https://www.9-11commission.gov/report/911Report.pdf*

[43] Cfr. http://edition.cnn.com/2006/LAW/04/10/moussaoui.victims/

[44] Cfr. *The 9/11 Commission Report https://www.9-11commission.gov/report/911Report.pdf*

[45] Cfr. *The 9/11 Commission Report https://www.9-11commission.gov/report/911Report.pdf*

[46] Cfr. il film *Zero Dark Thirty*, Universal Pictures (2012), di Kathryn Bigelow.

[47] Cfr. https://www.theguardian.com/media/2002/jan/28/pressandpublishing.wallstreetjournal

[48] Cfr. https://www.theguardian.com/media/2002/feb/14/terrorismandthemedia.pressandpublishing

[49] Cfr. https://www.theguardian.com/media/2002/sep/17/pressandpublishing.pakistan

[50] Cfr. https://www.theguardian.com/world/2003/apr/24/pakistan.alqaida

[51] Cfr. https://www.britannica.com/event/Afghanistan-War#ref292842

[52] Cfr. William M. Wise, *Indonesia's War on Terror*, United States and Indonesia Society, 2005.

[53] Cfr. https://www.sbs.com.au/news/dateline/article/2015/07/21/meet-terrorists-ali-imron

[54] La Lega degli Stati Arabi, meglio nota come Lega Araba, è un'organizzazione internazionale di carattere prevalentemente politico che riunisce tutti i Paesi la cui popolazione è a maggioranza araba e quindi, di fatto, gli stati dell'area del Maghreb, di parte dell'Africa orientale e del Medio Oriente arabo.

[55] Cfr. http://news.bbc.co.uk/2/hi/middle_east/2882851.stm

[56] Cfr. https://www.iraqbodycount.org/

[57] Cfr. David Aaron, *In Their Own Words. Voices of Jihad*, Santa Monica, Rand Corporation, 2008, p. 228.

[58] Cfr. https://www.theguardian.com/world/2006/feb/28/iraq1

[59] Cfr. M.J. Kirdar, *Al Qaeda in Iraq – AQAM Future Project – Case Study Series"*, Center for Strategic & International Studies (CSIS), giugno 2011.

[60] Cfr. https://www.agi.it/cronaca/nassiriya_intervista_soprav-vissuto-4612845/news/2018-11-12/

[61] Cfr. David Aaron, *In Their Own Words*, cit., pp. 226 ss.

[62] Reportage di Renato Rizzo per il quotidiano "La Stampa" del 12 marzo 2004, p. 7.

[63] Reportage di Renato Rizzo per il quotidiano "La Stampa" del 12 marzo 2004, p. 7.

[64] Cfr. https://www.theguar-dian.com/world/2004/mar/11/spain.georgewright

[65] Cfr. *Sumario n°20/2004, Juzgado Central de Instrucción n°6, Audiencia Nacional, Madrid*, Administración de Justicia.

[66] Cfr. https://www.elmundo.es/elmundo/2004/03/14/es-pana/1079223918.html

[67] Cfr. Fernando Reinares, *The Evidence of Al-Qa'ida's Role in the 2004 Madrid Attack*, CTC Sentinel, marzo 2012.

[68] Cfr. *Report of the Official Account of the Bombings in London on 7th July 2005*, *http://news.bbc.co.uk/2/shared/bsp/hi/pdfs/11_05_06_narrative.pdf*

[69] Cfr. https://www.nytimes.com/2006/06/08/world/midd-leeast/08cnd-iraq.html

[70] Conosciuto anche come Abu Hamza al Muhajir.

[71] Cfr. https://www.theguardian.com/uk/2009/sep/08/abdulla-ahmed-ali-airline-plot

[72] Cfr. https://archive.org/details/AwlakiToUsa

[73] "Allahu Akbar" è un'espressione araba che si potrebbe tradurre con "Allah è sommo" o "Allah è il più grande".

[74] Cfr. https://www.lastampa.it/2013/08/09/esteri/il-killer-di-fort-hood-io-americano-jihadista-ho-ucciso-per-lislam-H8LRqIiPAd-gQC92A4UiIEK/pagina.html

[75] Cfr. https://www.nytimes.com/2010/05/09/world/09quotes.html?mtrref=undefi-ned&gwh=834515439DFBC4C885745592744BD9CD&gwt=pay

[76] Cfr. https://www.reuters.com/article/us-iraq-violence-alqaeda/al-qaedas-two-top-iraq-leaders-killed-in-raid-idU-STRE63I3CL20100419

[77] Si tratta del nome di battaglia con il quale è conosciuto. Il suo vero nome è Ibrahim Awwad Ibrahim al-Badri.

[78] htttps://www.start.umd.edu/gtd/

[79] Cfr. http://www.bbc.co.uk/news/mobile/world-middle-east-13792238

[80] Cfr. https://www.telegraph.co.uk/news/worldnews/europe/france/9165091/Toulouse-shootings-the-making-of-a-French-jihadi-killer-with-a-double-life.html

[81] Cfr. https://www.bbc.com/news/world-europe-21088665

[82] Cfr. American Psychiatric Association, *Manuale diagnostico e statistico dei disturbi mentali*, a cura di M. Biondi, Milano, Raffaello Cortina, 2014, p. 763.

[83] Cfr. https://www.telegraph.co.uk/news/uknews/terrorism-in-the-uk/10075488/Woolwich-attack-the-terrorists-rant.html

[84] Cfr. https://www.telegraph.co.uk/news/uknews/terrorism-in-the-uk/10075488/Woolwich-attack-the-terrorists-rant.html

[85] Cfr. https://www.telegraph.co.uk/news/uknews/terrorism-in-the-uk/10075488/Woolwich-attack-the-terrorists-rant.html

[86] https://www.theguardian.com/uk/2013/may/23/woolwich-attack-david-cameron-statement

[87] American Psychiatric Association, *Manuale diagnostico e statistico dei disturbi mentali*, a cura di M. Biondi, Cortina Raffaello (2014), p. 115.

[88] Cfr. Emily Corner, Paul Gill, *Is There a Nexus Between Terrorist Involvement and Mental Health in the Age of the Islamic State?*, CTC Sentinel (January 2017), Combating Terrorism Center, p. 2.

[89] Cfr. Arie Perliger, Daniel Milton, *From Cradle to Grave. The Lifecycle of Foreign Fighters in Iraq and Syria*, Combating Terrorism Center at West Point, 2016.

[90] Cfr. https://www.thedailybeast.com/french-jihadi-mehdi-nemmouche-is-the-shape-of-terror-to-come?ref=scroll

[91] Cfr. https://www.mirror.co.uk/news/uk-news/david-haines-beheading-full-transcript-4256996

[92] Cfr. D. Gartenstein-Ross, N. Barr, B. Moreng. *The Islamic State's Global Propaganda Strategy*, The International Centre for Counter-Terrorism, The Hague, 7, n. 1, 2016.

[93] Cfr. https://www.theguardian.com/world/2015/jan/14/charlie-hebdo-killings-survivor-story

[94] Cfr. http://www.bbc.com/news/world-europe-30710883

[95] Il supermercato in questione vendeva alimenti Kosher, cioè conformi ai dettami della Torah, idonei per essere consumati dagli ebrei osservanti.

[96] Cfr. https://www.independent.co.uk/news/world/europe/paris-supermarket-hostage-reveals-killer-amedy-coulibaly-told-him-its-nothing-personal-10376266.html

97 Cfr. https://www-aljazeera-com.cdn.amppro-
ject.org/v/s/www.aljazeera.com/amp/news/middleeast/2015/01/al-
qaeda-yemen-charlie-hebdo-paris-attacks-
201511410323361511.html?usqp=mq331AQCCAE%3D&_js_
v=0.1#refeR-
rer=https%3A%2F%2Fwww.google.com&_tf=Da%20%251%24s&
ampshare=https%3A%2F%2Fwww.aljazeera.com%2Fnews%2Fmid-
dleeast%2F2015%2F01%2Fal-qaeda-yemen-charlie-hebdo-paris-at-
tacks-201511410323361511.html

98 Cfr. https://www.theguardian.com/world/2015/feb/16/copen-
hagen-shooting-suspect-omar-el-hussein-a-past-full-of-contradictions

99 Cfr. Gédéon Naudet, Jules Naudet, *November 13: Attack
on Paris,* Netflix, 2018, primo episodio.

100 Cfr. https://www.bbc.com/news/world-europe-34827497

101 Cfr. Gédéon Naudet, Jules Naudet, *November 13: Attack
on Paris*, Netflix, 2018, secondo episodio.

102 Cfr. Gédéon Naudet, Jules Naudet, *November 13: Attack
on Paris*, Netflix, 2018, secondo episodio.

103 Cfr. https://www.rtl.fr/actu/justice-faits-divers/attentats-a-
paris-comment-s-est-deroule-l-assaut-au-bataclan-minute-par-mi-
nute-7780536663

104 Cfr. https://ent.siteintelgroup.com/Statements/is-claims-paris-
attacks-warns-operation-is-first-of-the-storm.html

105 Cfr. https://edition.cnn.com/2015/11/16/world/paris-at-
tacks/index.html

106 Cfr. https://edition.cnn.com/2015/12/06/us/san-bernardino-
shooting-what-we-know/index.html

107 https://www.washingtonpost.com/world/national-security/in-
vestigation-into-orlando-shooting-continues-no-impending-charges-
expected/2016/06/15/c3eccf5e-3333-11e6-8758-
d58e76e11b12_story.html?utm_term=.d044a9fe9112

108 https://edition.cnn.com/2016/06/12/us/orlando-shooting-as-it-
happened/index.html

[109] https://edition.cnn.com/2016/06/12/us/orlando-shooting-as-it-happened/index.html

[110] https://www.washingtonpost.com/news/check-point/wp/2016/06/20/here-is-the-excerpt-of-omar-mateens-911-call-to-orlando-police/?utm_term=.0f46062ffc23

[111] https://edition.cnn.com/2016/06/17/us/orlando-shooting-survivors-account/index.html

[112] https://www.counterextremism.com/extremists/omar-mateen#rhetoric

[113] Il termine arabo è *mushrikin* e può significare anche politeisti.

[114] Cfr. https://www.theguardian.com/uk-news/live/2017/may/22/manchester-arena-ariana-grande-concert-explosion-england?CMP=share_btn_tw&page=with:block-5924285de4b0a9ae59336772#block-5924285de4b0a9ae59336772

[115] Cfr. https://www.theguardian.com/uk-news/2017/jun/05/london-bridge-attacker-named-as-khuram-butt

[116] Cfr. https://www.politico.eu/article/third-london-attacker-was-known-to-uk-security-services/

[117] Cfr. https://www.theguardian.com/uk-news/2017/jun/06/millwall-fan-roy-larner-london-bridge-attackers

[118] Cfr. https://www.thelocal.se/20170407/stockholm-attack-the-wall-came-towards-us-like-an-avalanche

[119] Cfr. https://www.thelocal.se/20170407/stockholm-attack-the-wall-came-towards-us-like-an-avalanche

[120] Cfr. https://www.thelocal.se/20170407/stockholm-attack-the-wall-came-towards-us-like-an-avalanche

[121] Cfr. https://www.nytimes.com/2017/08/21/world/europe/finland-turku-abderrahman-mechkah.html?mcubz=0

[122] Cfr. Fernando Reinares, Carola García-Calvo, *"Spaniards, You Are Going to Suffer". The Inside Story of the August 2017 Attacks in Barcelona and Cambrils*, CTC Sentinel, Gennaio 2018.

[123] Cfr. https://www.repubblica.it/esteri/2018/03/24/news/francia_morto_poliziotto_eroe_trebes_francia-192109923/

[124] Cfr. https://nationalpost.com/news/toronto/not-a-normal-person-toronto-gunman-faisal-hussain-quiet-didnt-seem-to-have-friends-neighbour-says

[125] Cfr. https://nationalpost.com/news/toronto/not-a-normal-person-toronto-gunman-faisal-hussain-quiet-didnt-seem-to-have-friends-neighbour-says

[126] Cfr. https://nationalpost.com/news/toronto/not-a-normal-person-toronto-gunman-faisal-hussain-quiet-didnt-seem-to-have-friends-neighbour-says

[127] Cfr. http://www.ansa.it/sito/notizie/mondo/europa/2018/12/11/strasburgo-spari-al-mercatino-di-natale-_c8e28bb1-ef34-4eca-94d9-5bb8fd798361.html

[128] Cfr. Lia Brynjar, Skjølberg Katja, *Causes of Terrorism. An Expanded and Updated Review of the Literature*, Forsvarets Forskningsinstitutt, 2000, p. 12.

https://www.ffi.no/no/Rapporter/00-02769.pdf

[129] Cfr. https://theglobalcoalition.org/en/

[130] Cfr. https://theglobalcoalition.org/en/how-italy-supports-the-global-coalition-against-daesh/

[131] Cfr. https://edition.cnn.com/2019/02/28/politics/trump-isis-territory-sdf/index.html

[132] Cfr. https://icct.nl/publication/the-future-of-the-global-jihadist-movement-after-the-collapse-of-the-caliphate/

[133] Cfr. https://www.consilium.europa.eu/en/policies/fight-against-terrorism/eu-strategy/

[134] Cfr. Andrew Silke, *Holy Warriors. Exploring the Psychological Processes of Jihadi Radicalization*, European Journal of Criminology, 2008, n. 5, p. 105.

[135] Cfr. https://www.newyorker.com/magazine/2010/09/13/the-mastermind

[136] Sulla sua data di nascita regnano ancora incertezze: secondo la Croce Rossa Internazionale sarebbe il 14 aprile 1965, secondo altre fonti il 1° marzo 1964.

[137] Avraham Jager, *The "Shoe Bomber" Richard Reid - His Radicalization Explained*, ICT (2018) https://www.ict.org.il/images/Richard%20Reid%20-%20His%20Radicalization%20Explained.pdf

[138] Cfr. Randy Borum, *Understanding the Terrorist Mind-Set*, FBI L. Enforcement Bull, 72, 2003.